現代トップリーダーと
イノベーション

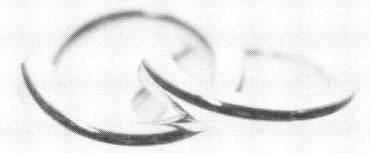

池内守厚

[著]

東京　白桃書房　神田

序

　これまで，企業はモノづくりを通して，モノの豊かさや雇用の吸収，さらに生活水準の向上によって社会の安定などに貢献してきた。しかし，負の側面も見逃せない。かつて企業は規模を拡大し，生産効率を高め，マーケット・シェアを拡大し，利益をあげることに終始してきた。そして「大量生産・大量消費」の使い捨て社会を生み出し，公害を発生させ，さらに社会生活の環境悪化をも招いてしまった。

　このような反社会的行動は，社会からの批判の対象となっていった。こうした過程を経て，企業自体「社会的責任」を認識するようになり，やがて社会の一員としての自覚をもつようになった。さらに社会への貢献をも期待されるようになった。かくて，社会の一員となった企業は，多様な社会変化に順応する過程で，受動的な存在となり，企業自体の主体性や独自性が相対的に減少していった。それは，わが国の製品市場が成熟期に近づくにつれ，消費社会の多様化や製品技術開発に対応するカタチで，事業の多角化を推し進め，企業の規模拡大をしてきた結果である。このような事業の多角化による企業規模拡大は，企業自らの寄って立つ基盤である主体性や独自性といった個性を喪失していったのも事実である。製品市場が縮小し，細分化し，個性化する中で，個々の企業独自のパーソナリティを活かす経営が見直されるようになった。そのきっかけになったのが，わが国では，2000年代初期の「分社化」への動きである。しかし，既に，1990年代初期には，わが国大規模企業の多くは規模拡大の限界点に到達していたのである。この規模拡大の限界点への到達は，わが国の産業界の初めての体験であった。

　このような状況変化の中で，現代社会に存在する多くの企業には，自社の企業理念や企業パーソナリティの再構築，事業内容の見直し，それに伴う組織構造の転換などが求められているのである。時系列的にも，これまでの状

況変化の流れとは異なる「断絶的状況」変化の中にあることを，現代企業のトップは認識すべきである。この断絶的状況とは，これまでの信条や価値観が通用しなくなり，新しい信条や価値観にもとづく，経営理念や将来ヴィジョンが希求され，イノベーショナル経営とりわけ戦略的経営の実行が期待されていることを意味する。この断絶的状況は，市民レベルでは「モノは満たされているが，過去に，何かを忘れてきてしまったような気がする」といった言葉で表わされる。

同様に，現代社会も大きな転換点にさしかかっている。わが国では，社会が量から質へ，モノからコトへと重点移動しているにもかかわらず，市場拡大やグローバル化という名のもとで，さらに量的拡大を追求してきた。先の見えない，多くの社会的リーダーによって，あらゆる問題が先送りされ，放置されてきた。その結果，多くの社会的組織が把大化し，それにつれて予算も膨らみ，動きの鈍い，自らの組織や部門の利益のみを追求する組織で構成される個人主義的風潮が蔓延し，自らの利益拡大にのみ関心が移っていった。そのような個人主義的変化の中で，社会道徳的な価値観が薄れ，社会の多様性や全体を見通すシステム思考やネットワーク思考が失われ，改革の方向や将来ヴィジョンを考えることすら放棄されてきた。このことは，将来のヴィジョンを描くことのできるイノベータとしての人材が決定的に不足していることを意味する。

現代企業や現代社会では，システム化やネットワーク化，さらに地域主義に根ざしたグローバル化が進行しつつあるが，実は，それらの全体システムは，方向性や将来ヴィジョンのない，単なる部分の寄せ集めにすぎない場合が多い。このような状況だからこそ，改革を断行する明確な将来ヴィジョンをもったリーダーが希求されているのである。強いリーダーシップの発揮が期待されるのである。にもかかわらず，多様で，個人主義的で，変化の激しい市民の意向をふまえた将来ヴィジョンを形成し，かつ実行することは至難の技である。むしろ，その限界点を越えてしまったと見るほうが正しい。リーダーは決して万能ではないのである。多くの人びとが相互に知恵を出し

あい，新時代に対応することが期待される。

　しかし，このような時代だからこそ，逆に，まず，現実を直視し，さまざまな角度から分析を試み，企業や社会全体についての「高遠なヴィジョン」を描くことが不可避なのである。欠如しているからこそ，必要とされるのである。信念のない生活が漫然としているように「理念なき経営」には未来はない。明日は人びとの心の中にある信念や希望や理想によって方向づけられ，カタチづくられる。今日は明日を方向づけカタチづくり，明日の積み重ねによって未来はつくられる。明日は理念と現実によってつくられる。

　以上のような認識に立脚し，本書の構成を次の通りとしたい。

　第Ⅰ章は，本書を貫ぬく制度主義にもとづく企業進化について取り上げる。この制度主義の出発点は，生物学に基礎を置く生物進化論と，社会学に基礎を置く社会システム進化論である。また，この制度主義の大きな特徴は「文化」と「人間行動」である。そこでは時間的・歴史的考察や実際の主体的行動が期待され，かつ分析対象となる。

　第Ⅱ章は，資本主義の発展と企業進化について取り上げる。わが国の戦後の資本主義の発展を元来の資本主義，修正資本主義さらに民主資本主義に分類する。このような分類に対応するのが，資本的私企業，制度的私企業さらに制度改革的私企業である。このうち，制度的私企業は規模拡大を求める制度維持論とその思考原理をそのバックグラウンドにもつ。それに対し，制度改革的私企業は制度改革論とその思考原理をそのバックグラウンドにもつ。本章は，第Ⅲ・Ⅳ・Ⅴ章の展開の基礎をなす。

　第Ⅲ章は，制度的私企業と「経営戦略」というテーマで，まず，制度維持志向のイノベーションについて取り上げる。その後，制度的私企業の主要な「経営戦略」の課題として，経営資源戦略，経営者と企業成長戦略，さらに製品開発と多角化戦略について取り上げる。

　第Ⅳ章では，制度改革論と「戦略的経営」というテーマで，まず，イノベーションの機会やそのプロセス，その内容について，さらに制度改革的私企業の環境システムと戦略，企業ダイナミズムと企業経営の活性化について

取り上げる。

　第Ⅴ章では，制度改革的私企業の「戦略的経営」のコンテンツとして，新規事業開発戦略，ネットワーク開発戦略，企業文化のイノベーションと創造戦略，最後に，アジア・ローカライゼーション戦略について取り上げる。

　最後になりましたが，本書の刊行に対し，多大なる御支援を頂戴した白桃書房代表取締役社長大矢栄一郎氏および編集部矢澤聡子氏に衷心より御礼申し上げたい。

　2011年5月21日

池内　守厚

目　次

序

第Ⅰ章　制度主義と企業進化　……………………………………… 1
1　制度主義と進化　……………………………………………… 3
　（1）　生物進化と社会システム進化　3
　（2）　変化──進化と進歩　6
2　制度主義の研究課題　………………………………………… 8
　（1）　制度主義と「文化」　9
　（2）　制度主義と「人間行動」　11
3　社会システム進化と企業の進化能力　……………………… 13
　（1）　社会システム進化　14
　（2）　企業の進化能力　15

第Ⅱ章　資本主義の発展と企業進化　……………………………… 17
1　「資本主義」と資本的私企業　……………………………… 18
　（1）　株式会社と資本的私企業　18
　（2）　資本的私企業の発展と課題　19
　（3）　クローズド・システムとしての資本的私企業　19
2　「修正資本主義」と制度的私企業　………………………… 20
　（1）　制度的私企業の特徴　22
　（2）　オープン・システムとしての制度的私企業　23
　（3）　制度維持論の思考原理　26
3　「民主資本主義」と制度改革的私企業　…………………… 28
　（1）　個の目覚めの時代　29

（2）制度改革的私企業とその環境システム　31
　　（3）ネットワーク・システムとしての制度改革的私企業　34
　　（4）制度改革論の思考原理　35
　　（5）企業の進化と進歩の評価基準　36

第Ⅲ章　制度的私企業と「経営戦略」………………………………… 41
　1　制度的私企業のイノベーションと経営戦略 ………………… 42
　　（1）制度的私企業におけるイノベーションの機会　43
　　（2）制度的私企業における経営戦略　45
　2　経営資源戦略 ……………………………………………………… 47
　　（1）経営資源と個別資源戦略　48
　　（2）経営資源の集中化・細分化・ネットワーク化戦略　49
　3　経営者と企業成長戦略 …………………………………………… 49
　　（1）経営者の職能・機能・資質　50
　　（2）経営者能力論　51
　　（3）企業の経営力とトップの経営力　53
　4　製品開発と多角化戦略 …………………………………………… 55
　　（1）国内市場の縮小と消費構造　55
　　（2）国内レベルでの製品・市場戦略　57
　　（3）ダイナミック製品ポートフォリオと多角化戦略　59

第Ⅳ章　制度改革論と「戦略的経営」………………………………… 67
　1　制度改革的私企業の戦略的経営とそのイノベーション ……… 68
　　（1）制度改革的私企業の戦略的経営　68
　　（2）企業家的イノベーションのプロセスと生成戦略　70
　　（3）イノベーションと企業家的戦略　72
　2　現代ネットワーク社会と制度改革的私企業の戦略的経営 …… 74
　　（1）現代ネットワーク社会の特質　75

（2）制度改革的私企業への脱皮　76
　　（3）制度改革的私企業の戦略的経営の課題　77
　3　企業ダイナミズムと企業経営の活性化 …………………………… 77
　　（1）企業ダイナミズムと経営活力　78
　　（2）企業パーソナリティと精神センター　79
　　（3）企業経営の活性化とその実践　83

第Ⅴ章　制度改革的私企業と「戦略的経営」……………… 87
　1　新規事業開発戦略 ………………………………………………… 88
　　（1）新規事業開発のパターン　88
　　（2）新規事業開発型企業への組織的イノベーション　91
　2　ネットワーク開発戦略 …………………………………………… 94
　　（1）企業組織の分権化とネットワーク組織　95
　　（2）企業間の結合・系列・グループ　97
　　（3）企業間ネットワーキング戦略　100
　3　企業文化のイノベーションと創造戦略 ………………………… 104
　　（1）企業文化と経営理念　106
　　（2）企業文化のイノベーションと創造　108
　　（3）創造プロセスと創造的風土形成　109
　4　アジア・ローカライゼーション戦略 …………………………… 114
　　（1）日本人とアジア地域　116
　　（2）日本的経営システムの原点　118
　　（3）日本的経営システムの特徴　120
　　（4）日本企業の海外展開と現地化　125
　　（5）日本企業のアジア進出　127

あとがき　133
索引　136

第 I 章

制度主義と企業進化

　本章では，本書の核となる「制度主義」(institutionalism) と「企業進化」(enterprise evolution) について取り上げる。そこでは，動植物だけでなく，社会的組織を含む，生けるものすべてが変化しつつあるものと位置づける。換言すれば，環境変化に受動的に適応し，変化するものばかりではなく信念や信条，理念や理想，将来へのヴィジョンや希望さらに目的をもって能動的に環境変化に対応するものをも対象とする。そこでは，事後的・客観的・合理的に説明される生物進化を社会進化に適用し，社会に存在する組織を含む諸制度を説明し，社会システムとしての企業そのものの存在や企業経営の基本的意義について論述する。つまり，質的・構造的に変化しつつある現代社会における，社会制度としての企業の存在そのものの意義を再構築することを意図している。

　一般に「進化」(evolution) は，次のように定義される。生物学で用いられる，いわゆる「進化」は生物が世代の経過とともに次第に変化すること，元の種との差異の増大と多様な種の生成，その生成プロセスにおいて体制は概して複雑化・適応の高度化・種類の増大をもたらすこと，といった特徴をもったものとされる。他方，生物進化の概念を社会学の分野に適用した「進化」とは，社会が同質のものから異質のものへ，未分化なものから分化したものへと進むことであるといわれる[1]。

このような進化概念の中核を占めるものは「変化」(change) であり，その変化の中身である。生物の進化においては，その個体の進化をつかさどる遺伝子に代わるものがなければ，社会システム自体，生成や継続はありえない。その遺伝子に代わるものが，企業においては「精神センター」(spirit center) である。この精神センターは，①信条と価値観，②経営理念，③将来ヴィジョン，④イノベーショナル経営からなり，企業そのものを性格づけ，方向づける基礎となる。この点については第Ⅳ章第3節で取り上げる。

　以上のことを踏まえて「進化」と「進歩」(progress) との関係を中心にまとめると以下のようになろう。つまり，生物学と社会学を基礎に展開されるのが「生物進化」と「社会進化」である。このうち生物学が社会学と有機的関係を有することによって，システム概念も全体性と相互依存性だけでなく，目的性をも有する社会システム概念が展開された。これらの生物学や社会学に対峙されるのが，物理学である。

　社会科学の発展は，これら3つの学問によって説明することができる。発展史的にみるならば，①物理学，②生物学，③社会学の順に位置づけられる。①物理学を基礎とした繰り返し性の高い機械主義はニュートンイズム[2]，②生物進化論はダーウィニズム[3]，③社会システム進化論はスペンサーイズム[4] をそれぞれ構成する。最後の社会システム進化論の中には，目的性が内包され，その目的性の中には個々人の主体性である人びとの信条や価値，理念，希望，将来ヴィジョンにもとづくイノベーションの展開という「進歩」概念が含まれる。また，この社会システム進化論は，近代経営学（J. R. コモンズとC. I. バーナードの両学説以降）の出発点とみることもできよう。

　以上のような，①物理学，②生物学，③社会学の関係をまとめると**図表Ⅰ-1**のようになるだろう。

　本章では，1 制度主義と進化，2 制度主義の特徴，3 社会システム進化と企業の進化能力について検討する。つまり第1節では，制度主義の基本概念を提供している生物進化論と社会システム進化論について論じ，進化と進歩

図表 I－1　物理学と生物学と社会学

① 物理学──システムの特徴は繰り返し性─機械システム論──ニュートンイズム
② 生物学──システムの特徴は全体性・相互依存性──生物進化論──ダーウィニズム
③ 社会学──システムの特徴は目的性・全体性・相互依存性──社会システム進化論──スペンサーイズム

について定義づける。第2節では，第1節で論じた制度主義の基本概念から導き出される制度主義の特徴である「文化」と「人間行動」について取り上げる。そして第1章のまとめとして社会システムとしての企業とその能力について明らかにする。

1　制度主義と進化

「制度主義」は，ダーウィニズムとスペンサーイズムにもとづいており，物理学的な機械的・繰り返し的な静態的な古典主義を排し，社会制度に着目し，社会現象つまり人間性，社会組織，進化の動態的理解を目指そうというものである。制度主義は，社会現象を歴史主義にもとづいて，時系列的・漸次的・動態的に把握しようとする。また制度主義は「全体論的」哲学を包摂し，部分間の相互作用を重視する。このような考え方は，生物学的にいうところのシステム概念にもとづいている。

このような制度主義の基本概念を提供している，(1)生物進化論と社会システム進化論，続いて，(2)進化と進歩について定義づける。

(1) 生物進化と社会システム進化

これまで多くの近代的社会科学系の著書では，「進化論」(evolution theory) ①「生物進化論」と，②「社会システム進化論」に2分され，実にさま

ざまな議論がなされてきた。

　①生物進化論の基礎は，ダーウィンの，特に自然淘汰・選択説（natural selection theory）に代表される。このダーウィニズムは，生物の種の変化，多様性・複雑性を時間経過とともに客観的・論理的に説明しようというものである。この「生物進化」概念では，時系列的考察，適応・変化，適者生存などが事後的に説明される。したがって生物進化概念では，事前に存在や存続を意図していない。つまり一定期間の安定した存在や存続，多様性や複雑性などが，事後的・客観的・合理的に説明されるにすぎない。そのような結果は，差異（difference）→淘汰（selection）→保持（retention）のプロセスを経て導かれる。もちろん，この淘汰は自然淘汰であって，意図的・目的的なものではない。このような自然淘汰説を実際に適用し，取り入れる場合は，それぞれの地域や地方の環境的特性を加味しなければ意味をなさない。例えば，それぞれに隔絶された環境特性をもつガラパゴス諸島，オーストラリア，沖縄，マダガスカルなどでは，それぞれに優先的特性をもつものは異なり，それぞれに独自の進化を遂げている。われわれは，むしろ，この点に着目したい。

　②社会システム進化論は，広義には人間社会の諸現象である経済・道徳・法律・芸術・宗教など，時間的経過とともに現われた諸事実を質的変化概念を用いて客観的・論理的に説明しようというものである。「社会システム進化」は，次のような分析的特徴を有する。

　ⓐ客観的・合理的・継続的な観察の分析——社会システムは生物システムと同様に，環境変化に適応し変化するが，その変化を事後的・合理的・客観的に説明するだけでは不十分である。社会システムは，そこに所属する人びとや関係者によって現代的意義を問われ，同時にそれらの人びとの期待をも担うことが要求されるからである。したがって対象となる社会システムを客観的・合理的・継続的に観察することが不可欠となる。実際の継続的観察に対しては過去→現在→未来といった時系列的分析が要求される。したがって，実際の企業研究や企業を評価する株主（stockholders）などへの情報提

供は継続的・時系列的に行われることが必要である。

　ⓑ環境変化への適応と質的変化の内容の分析——現存する社会システムは，過去の歴史の中で，主体的・能動的および受動的に適応し，変貌し変質した結果である。環境変化に適応することは，社会システムそのものがカタチや活動内容・質を変化させ「調整するプロセス」を意味する。したがって，外見的カタチだけではなく質的変化の内容を分析することが重要である。

　ⓒ環境変化への主体的対応とその結果としての競争能力の分析——現存する社会システムは，人間社会において，少なくとも現時点までは競争能力をもっていることを証明するものである。したがって，その環境変化への主体的対応とその背景にある環境変化の具体的内容，その結果として生成・蓄積される競争能力の分析が不可欠である。しかし，その競争能力は，その社会システムの将来的存在・存続を可能ならしめるだけのものであって，保証するものではない。資源の集中と分散といった原則にもとづく，資源再配分による資源の効率的運用に目を向けなければならない。

　以上のような分析的特徴をもつ社会システムは，さまざまな存在的特徴をもち合わせている。

　㋑進化的存在——一定期間観察対象となった社会システムが進化的であるかどうかは，その時々の社会システムを構成する人びとの価値判断に依拠し，それらの人びとの個人的・主観的満足度によって進化的であるかどうかが判断される。そこで，その時々で社会システムの進化の内容や質は変化することが分かる。したがって，絶対的進化内容や変質は存在しないし，その時々の社会システムもまた絶対ではない。

　㋺動態的存在——社会システムは環境変化に主体的・動態的に適応する中で，目的としてではなく，結果として永続性を確保することになる。その社会システムに永続性を付与するのは，その社会システムに関わりをもつすべての人びとであり，それらの人びとの価値判断である。それらの人びとの個人的・主観的価値判断が集合化し，時間的経過によって一般化する過程で，

図表Ⅰ－2　社会システム進化論の基本的フレームワーク

社会システム進化論　　　生物進化論——無目的論，受動的環境適応
（広義の進化論）　　　　（狭義の進化論）

　　　　　　　　　　　　進　歩　論——目的論，主体的・能動的環境適応

社会システムに客観性を付与するのである。
　㋩主体的存在——社会システムは環境変化に受動的に適応するだけではなく，主体的・能動的に適応する。この社会システムの「主体論」は，社会システムの目的論と目的を達成するための主体的行為論からなる。
　以上のような，社会システム進化論についての議論の基本的フレームワークは，図表Ⅰ－2のように表わすことができよう。

(2) 変化——進化と進歩

　「変化」は生物「進化」（evolution）概念を内包し，また社会システム「進化」概念は「進歩」（progress）概念を内包する。生物進化つまり狭義の進化は，単なる変化ではなく，「目的論」を前提にしない，より複雑なものへの変化であり，環境により適応したものへの変化，つまり繁殖率あるいは生存率を高める方向への「適応変化」である[5]。
　「変化」は狭義の進化概念（生物進化）と主体的進歩概念を内包している。このうち「進化」とは環境適応プロセスであり，事後的に合理性をもって論理的に評価される。
　社会システムを客観的な存在とする，主観的価値観をもった各環境構成主体（environmental composition subject）によって，その時々に，社会システムに対して価値判断が下される。他方，より良きものへの変化概念である「進歩」では，各社会システムの主体的価値判断と各環境構成主体の意向を

図表Ⅰ-3 変化——進化と進歩の統合化

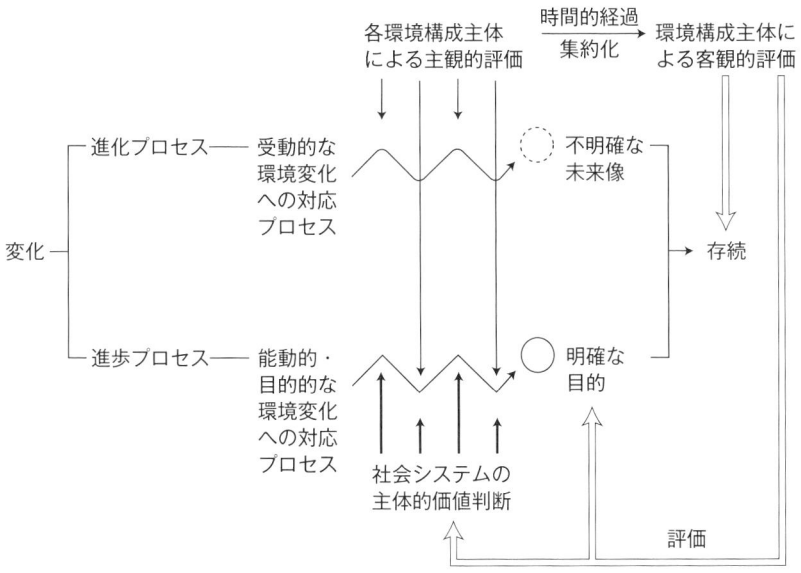

ふまえた目的(理念と目標)形成がなされる。これらの狭義の進化概念と進歩概念の統合によって、社会システムの「存続」(continuity)が可能となるのである。これらの進化と進歩の関係を表わしたのが図表Ⅰ-3である。

このような社会システムに対して、各環境構成主体によって「主観的評価」がなされるが、その主観的評価は、各環境構成主体(企業の場合には、顧客および消費者、従業員および労働組合、出資者、納入業者、金融業者、競争業者、政府および地方自治体、地域住民、研究機関など)および各個人によって異なる。それぞれの主観的評価の基本的背景には、社会システム(例えば企業)が各環境構成主体の意見・自由意思(will, willingness)をどれだけ踏まえて社会システムの運営をしているかどうかである。そこで企業をはじめとした社会システムは、積極的な情報開示(disclosure)が求められている。それに対し、社会システムに対する環境構成主体による「客観的評価」は、企業をはじめとする社会システムでは、「人間主義・市民主義・

環境主義」にもとづいて運営がなされているかどうかによって決定づけられる。かくて，企業をはじめとする社会システムでは，その客観的評価基準は「人間主義・市民主義・環境主義」となる。この点については，第Ⅳ章第1節で取り上げることにしたい。

　図表Ⅰ-3において，変化の一側面を形成する「進化プロセス」は漸次的に環境変化に対応する。その変化プロセスは「波型(なみ)」となる。これに対し，「進歩プロセス」は環境変化に対して，常に漸次的に変化するだけではなく，むしろ，それぞれのポイント・ポイントで変化に主体的・目的的に対応する。そこで，そのプロセスは「のこぎり型」となる。

2　制度主義の研究課題

　経済学における「古典主義」は，物理学者であるI.ニュートンのシステム，つまり「機械的で反復的な運動」によって，社会現象における変化を説明しようとするニュートンイズムにもとづいている。これに対し，「制度主義」では，変化の概念は生物進化論の祖をなすダーウィニズムおよびスペンサーイズムに依拠する。

　以下において，近代的な制度主義の変化概念の前提として，経済学における古典主義の進化の理論を取り上げる。

　古典主義者は，科学技術の進展を「(狭義の) 文化的あるいは道徳的」生活から分離し，その文化の金銭的な面に注意を集中した。そして進化を金銭的価値の量的拡大と同意とみなし，進化と資本主義を同一視した。社会を個人の集まりとし，個人の資本家へ注意を集中した。その資本家は「透視的洞察力の持ち主」「新機軸者」「活動的な人」であり，「企業指導者」にとって「透視的洞察力」「先見性」「進取の気性」「冒険心」といった資質が必要であるとした。かくて，このような企業家は①金銭的価値を高めること，②新しいものを「創造する」ことが要求されるとして，「進化」は企業家の諸活動と結合しているとした[6]。

このような企業家の概念そのものは，現代企業社会でも通用するが，現在の企業家概念との違いは，その背景にある。その背景となっているのが資本主義の成長期であり，その目標が金銭的価値の量的拡大にあったことが，現代的企業家との大きな相違点である。

　古典主義における社会現象は①人間性，②社会組織，③進化からなる。ここでいう①「人間性」は快楽主義的な概念であり，変化を機械的で反復的なものと捉え，すべての活動は快楽と苦痛のアンバランスによって刺激され，それらのバランスを回復するために行われる一組の不連続な行動とみなした。②「社会組織」のメンバーは地主，資本家，労働者からなり，快楽主義的に方向づけられ，それらの変動が価格変動に反映され，しかも経済の変化はバランスと乖離の運動とみなされる。さらに，③「進化」とは貨幣賃金の増大であり，その背景には進化とともに一段と多くの量の快楽の飽満が実施されるという仮説が存在する[7]。

　このように，古典主義では，進化概念の中核に「経済的極大化」を目指す進歩概念を位置づけ，その進歩を導く中核として，個別経済である企業のリーダー，つまり所有経営者たる企業家を位置づけている。そして人びとの願望や欲望が市場での価値評価を決定づけていることから，市場が均衡しているということは，すべての人間活動が向かっている「快楽主義的バランス」が保持されていることを意味する。この欲求充足の「極大化」をはかることによってのみ，良き企業社会が形成される。したがって市場は，個々人による「快楽主義的人間性」の創造物である[8]。

　以上の古典主義に対峙する，近代的な意味内容を有する制度主義の研究課題は，「文化」と「人間行動」である。以下，(1) 制度主義と「文化」，(2) 制度主義と「人間行動」について議論したい。

(1) 制度主義と「文化」

　D.ハミルトンによれば，古典派経済理論は本質的に静態的であり，制度派経済理論は本質的に動態的である。つまり制度派経済理論では，行動準則

としての諸制度や組織は「不断の変化」や発展の状態にあり，新しい要因に応じた連続的な再調整の所産である[9]。

　制度主義は，古典主義の静態的分析を排し，社会制度に着目し，社会現象つまり人間性，社会組織，進化の動態的理解を目指した。しかも制度主義は，これらの社会現象を歴史主義に根ざして，時系列的に把握しようとする。また制度主義は「全体論的」哲学を包摂し，部分間の相互作用を重視する。

　そこで，われわれは企業をはじめとする社会システムを本質的に動態的なものとして捉え，そこにおける変化は，その社会システムの主体的な目的論的変革を包摂するとともに，さまざまな環境構成主体からの要求を内在化することによって動態化する。しかも，その変化は，繰り返し的なものでもなく，量的なものでもなく，質的なものを目指す。

　このような制度主義の研究分野は，「文化」と「人間行動」である。「広義の文化」は①安定的側面つまり制度的側面（狭義の文化）と，②動態的側面つまり科学技術的な側面（文明）からなる。ここでいう広義の文化は，衣食住をはじめ技術・学問・道徳・宗教・政治など生活形式の様式と内容を含む，人間が自然との関わりの中での生活を通じて形成してきた物心両面の成果である。つまり，この広義の文化は，①狭義の「文化」つまり人間の宗教・道徳・学芸などの精神的所産と，②「文明」つまり人間の技術的・物質的所産が含まれている。人間は活動的であり，何かを行いたいという動機をもつ。このような人間の活動は，狭義の文化と文明によって条件づけられる。

　図表Ⅰ-4では，広義の文化は，広義の制度と同一のものと解釈する。つまり，狭義の文化と文明はともに各個人の主観が出発点であり，この各個人の主観が時間の経過の中で集約化され，相互作用や統一性を生み出すことで，客観化され制度化されていくものと考える。

　このような文化と制度の関係は，図表Ⅰ-4にも示したように，狭義の文化として，さまざまな行動を制約する「安定的制度」と，知的な科学技術や

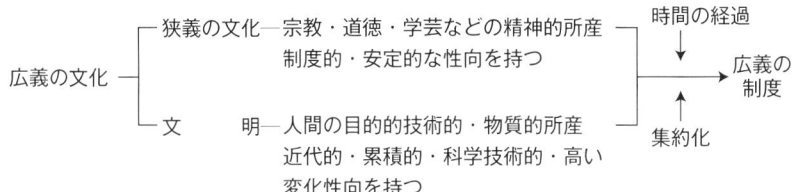

図表Ⅰ-4　文化と制度

経営管理技術など，極めて変化性の高い「動態的制度」とに分類できる。科学技術や経営管理技術などの知的文明が動態的であることは容易に理解しうるであろう。問題とすべきは，前者の安定的制度ないしは文化である。社会システムのひとつである企業は，一方で企業の伝統的文化を活かし，他方で全体社会の中で生き残るために，行動を規制する安定的な諸制度を破壊ないしは改変する必要がある。諸制度を改変するには，安定的制度の内に主体論を導入すること，外部からの決定的刺激を受けることなどが必要である。

(2) 制度主義と「人間行動」

D.ハミルトンによれば，古典派経済学においては，経済学は人間行動についての科学であり，つねに人間の性質や人間行動に関する暗黙の諸仮定を有する。このような古典派経済学における快楽主義的心理学では，人間は快楽と苦痛の単なる需要器官たる受動的な要因である。そこでは消費は快楽である。仕事は苦痛であり，楽しい目的である消費を満たすために引き受けられる[10]。

この快楽主義にもとづけば，経済活動は消費という楽しい究極的な目的に向けられ，極大化をはかろうとする。資本家たる所有経営者の行動が，それをよく物語っている。この消費という楽しい究極的な目的を妨げる攪乱要因は快楽と苦痛のアンバランスである。快楽と苦痛のバランスを回復する活動が，消費のための経済活動である。消費は楽しいが，仕事は苦痛である。消費と仕事のバランスが破壊された時に，その均衡を回復するための活動が開

始されるという。

　他方,制度主義は行動心理学(behavioristic psychology)を同化してきた。この新心理学では,人間行動は累積的な変化と発達と適応とのプロセスに支配されており,それは人間思想におけるダーウィン革命の所産である[11]。

　近代的意味合いをもつ,制度主義では,先に取り上げた「文化」と「人間行動」を研究の中心とする。より正確にいうと,文化(制度)から影響を受ける人間行動という関係が成り立つ。狭義の文化である宗教・道徳・学芸などの精神的所産と,人間的・目的的・物理的所産である文明は,人間行動に影響を与える。前者は,信念・信条・理念などにもとづく,経営者の制約的行動に結実する。後者は,経営者のイノベーションである経営戦略や戦略的経営に結実するのである。

　したがって,「人間行動」は,次のような2つの活動に分類できるだろう。
　①習慣や慣習,倫理・道徳・理念などによって制約を受け,やるべきことや,やってはならないことを方向づけられる人間行動──人間行動は,一面において,先の狭義の文化概念によって制約され,方向づけられる。狭義の文化概念を形成する習慣や倫理などは,時間の経過と集約化によって,個人から集団へ,集団から組織へ,組織から社会へと広がりをもって,客観化・一般化・制度化の度合いを促進する。この制度化のプロセスは,人間行動に,ますます影響力を行使することになる。
　②連続的で累積的に発展する道具的・科学技術的性質を有する人間行動──この道具的・科学的性質とは,実務的で短期的で合理的で,比較的動態的なものである。これは文明と呼ばれる側面であり,科学技術や経営管理技術などの「知識」で構成される側面である。文明や知識は,人間行動のうち目的的で積極的な行動を促進させることになる。この側面は,経営戦略や戦略的経営である,企業イノベーションを促進させることにもなる。

　制度主義における人間は,一方で,狭義の文化パターン,つまり比較的安定的な制度的制約(習慣・慣習,法律,道徳・倫理,宗教など)の中で行動

図表Ⅰ-5 人間行動と社会システム

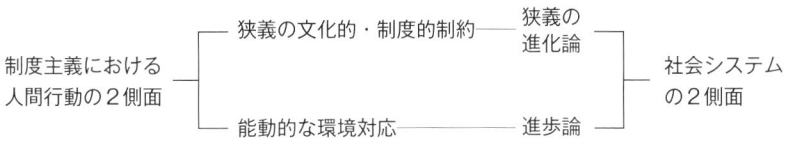

する。他方，環境変化に対し，目的論的・主体論的・能動的に行動する。前者は，社会システムにおける狭義の進化論に対峙され，後者は，進歩論に対応する。このような関係を表わしたのが，図表Ⅰ-5である。

3 社会システム進化と企業の進化能力

　自然界では，強いものだけでなく，相対的に弱いものが，ある地域では環境に適応し生き延びているもの，環境が変化すれば死滅する可能性のあるもの，環境が悪化しても，ますます力をもちうる可能性を秘めたものなどが並存する。逆に，現時点では，環境適応・先行能力をもっており，巨大な力をもっているものもある。しかし，そのような強いものが，必ずしも将来にわたって巨大な力をもち続け，生き残るという保証はない。きわめて短期間でみれば，環境はバランスを保っているが，次の瞬間にアンバランスな状況が発生する可能性を秘めている。自然環境は，実は，非常に微妙なバランスのうえに成り立っており，一部の生態系が崩れることによって，全体にわたって大きな変化が生じる可能性を秘めている。

　主体的・目的論的な「進歩」概念を内包する社会システムは，進化する過程で，一方で環境に適応する能力，他方で環境変化を予測し，主体的に自己の社会システムを改善し，革新する能力をもつ。

　以下において，この企業を含む社会システム進化の特徴と社会システムの中心的存在としての企業の進化能力について取り上げる。

(1) 社会システム進化

　実際に社会を構成する社会システムは，受動的な環境適応以上の主体的・目的論的・能動的な存在である。この企業を含む社会システム進化は，次のような特質をもつ。

　①社会システムは人工的環境の中で，受動的に，かつゆるやかに環境変化に適応すること。

　②逆に，環境変化に対して，主体的・目的論的・能動的かつ迅速に適応すること。

　③それらの事実，つまり目的設定，構造的変革さらに選択のメカニズムなどが，事後的にせよ客観性をもって合理的に説明しうること。事後的説明には，主観（倫理・道徳・理念）と客観が混在しうること。

　④社会システムは協働的組織体であることから，その組織体内部には制度維持をはかろうとするパワー（保守派）と制度変革をはかろうとするパワー（改革派）が，常に不安定なカタチで並存すること。

　⑤現存する社会システムは，維持存続するための適応能力をもっていること。つまり，現時点である種の競争能力をもっており，その結果として維持存続が可能であること。

　⑥地域的特性を加味した生き残り策，質的な成長戦略を採用する必要があること。

　⑦現時点での人工的世界は，強者と弱者が共存しており，全体としてある種のバランスが保持されていること。特に，企業社会では，強者と弱者が入れ替わることは，むしろ日常的なことと理解すべきであること。

　このような社会システム進化の特性は，現存する社会システムに共通するものである。社会システムに比して，企業システムは，より激しい競争の中で，目的的・戦略的・主体的存在として行動する。そこで現代企業社会に存在する企業システムにとって，生き残り，存続し続けるには競争能力を高めていく必要がある。この競争能力に対する議論は，信念・信条と価値観・経営理念・将来ヴィジョンにもとづくイノベーショナル経営などの主体論と能

力論の展開でもある。

(2) 企業の進化能力

　企業の競争能力には，繰り返し性の高い，ルーチンな仕事に関係する静態的能力（static capability），繰り返し性の高い問題解決サイクルの迅速・効率的・有効なパターンを目指す改善能力（improvable capability），および能力構築能力である進化能力（evolutionary capability）に分類される。3つ目の進化能力は動態的でノン・ルーチン的な性格をもち，他社との競争能力そのものの構築の速さと有効性に影響を及ぼす能力である。それは繰り返し性の低い創発プロセス（emergent process）を通じたルーチン能力構築における有効なパターンを意味する。ここでいう創発プロセスやシステム創発は，完全に偶然でも完全に決定論的でもないし，完全に事前に合理的でも完全に不合理でもなく，そして完全にコントロールが可能でもなく，完全にコントロールが不可能でもない，複雑なシステム変化のプロセスである[12]。

　このような3種類の企業の競争能力をまとめると，図表Ⅰ-6のようになろう。

図表Ⅰ-6　企業の競争能力

企業の競争能力 ｛
①静態的能力―業務的能力―ルーチン・ワーク
②改善能力―管理的能力―繰り返し性の高い問題解決サイクル
③進化能力（能力構築能力）―企業家的経営能力―動態的でノン・ルーチンな創発プロセスやシステム創発

注
1）新村出編『広辞苑　第四版』岩波書店，1991年，301頁。
2）I. Newton, 1643-1727. イギリスの物理学者。
3）C. Darwin, 1809-1982. イギリスの進化論者，自然淘汰説を確立。
4）H. Spencer, 1820-1903. イギリスの哲学者，生物進化論を人間や社会に適用。

5）藤本隆宏著『生産システムの進化論―トヨタ自動車にみる組織能力と創発プロセス―』有斐閣，1997年，135-136頁を参照。
6）D. Hamilton, *Evolutionary Economics: A Study of Change in Economic Thought*, the University of New Mexico Press, 1970（D. ハミルトン著，佐々木晃監訳『進化論的経済学』多賀出版，1985年，127-148頁）。
7）同上，164-165頁。
8）このパラグラフで取り上げている「経済的極大化」「快楽主義的バランス」「極大化」「快楽主義的な人間性」は古典主義を代表する用語である。ここでいう快楽主義（hedonism）とは，快楽が唯一の善であり，人生の目的であるとし，苦痛を避け，量的な快楽を求めることを道徳の原理とする考え方である。
9）D. ハミルトン著，前掲書，19-21頁。
10）同上，45-58頁。
11）同上，63-64頁。
12）藤木隆宏著，前掲書，12-13頁。

第 II 章

資本主義の発展と企業進化

　制度主義は，社会現象を時系列的・漸次的・動態的に把握しようとする。社会現象をこのように把握するということは，社会現象を現実主義的・実体的に捉えるということでもある。このような時間的スパンの中で培(つちか)われてきたものが「文化」であり，社会現象の基本的展開が「人間行動」である。これらは制度主義の特徴を形成している。「文化」は結果であり，「人間行動」はプロセスである。

　われわれが生存している社会，そこに存在する全ての慣習・法律，制度，組織，システム，人間行動などは変化する。したがって，本章では，変化する資本主義に対して，企業は，どのように変化してきたのかを分析し，体系化することを主たる目的とする。以下のような3段階を経て，資本主義と私企業（特に株式会社）の進化について捉えていきたい。

　①資本的私企業（1950年代〜1960年代末）——資本主義と所有者自由主義が存在。

　②制度的私企業（1960年代末〜1980年代半ば）——社会的公正を意図する修正資本主義，利益集団自由主義，および多数決原理にもとづく民主主義が存在。規模拡大を意図。自由主義と制度主義の混在。

　③制度改革的私企業（1980年代半ば以降）——民主資本主義と，個やマイノリティ重視の民主主義の芽生え。1980年代半ば以降は政府主導の改革

が，1990年代半ば以降は国民主導の改革が進行。

したがって，本章では，1「資本主義」と資本的私企業，2「修正資本主義」と制度的私企業，3「民主資本主義」と制度改革的私企業について論及していきたい。

1　「資本主義」と資本的私企業

　資本主義（capitalism）とは「進歩，個人主義，合理性，国家主義に対して，常に積極的態度を示してきたという意味で，自由主義（liberalism）のイデオロギーである」[1]。

　初期資本主義は，すぐれて経済的色彩が強く，したがって資本主義は経済的には資本の本源的蓄積によって成立し，産業革命（industrial revolution）つまり分業にもとづく協業から機械体系にもとづく協業への変化によって本格的に確立したといえよう。このような初期資本主義社会における私企業が資本的私企業つまり旧株式会社の基本形態である。本節では，以下，次のような課題について取り上げる。つまり，(1)株式会社と資本的私企業，(2)資本的私企業の発展と課題，(3)クローズド・システムとしての資本的私企業について論じる。

(1) 株式会社と資本的私企業

　資本的私企業の典型としての株式会社は，近代資本主義社会の基盤をなす代表的な企業である。出資者（株主）間の関係は物的結合によって成り立っている。この株式会社は三権分立型経営システムを基本としており，株主総会（general meeting），取締役会（board of directors），監査役（auditor）からなる。また，この株式会社は，①株式の有価証券化，②株式の売買譲渡の自由，③出資者有限責任制といった特徴をもつ。このような株式会社は，イギリスやオランダでは17～18世紀，日本では1872年設立の国立銀行にみられた。

資本的私企業の目標は利潤極大化にあった。株式所有を背景として経営権を行使する所有経営者（大株主）が実質的に企業を支配していったことから，その目標もおのずと単一目標としての利潤極大化に向けられたのである。

(2) 資本的私企業の発展と課題

　資本的私企業の発展と課題は次のようである。
　①利益第一主義・生産第一主義・経済成長至上主義にもとづく企業経営。
　②それによって，企業の利潤極大化・企業規模の巨大化，数社による寡占化を招来。
　③そこで，市場の競争原理の有効な作用（自由競争によるさまざまな改善など，つまり生産システムの改善・改良・開発による生産性の向上・製品開発費の引き下げ，製品改良や技術革新にもとづく新製品開発など）の疎外。
　④その結果としての利害関係者（株主，金融業者，従業員および労働組合などの直接的利害関係者）の経済的利害の損失，および公害や危険な製品のアウトプットといった非経済的利害の侵害。
　⑤その他。

(3) クローズド・システムとしての資本的私企業

　機械主義（mechanism）を基本とする機械の時代（machine age），つまり初期資本主義における資本的私企業では密封した掛け時計のごとく，環境と隔絶された関係において物事を解決・処理しようとする考え方が強かった。そこでは自然科学の手法，つまり理解しようとする対象を分解・分類することから始める「分析的マネジメント」が採られていた。つまり研究や観察対象が明らかになった場合，まず，その対象となるモノを分解することから始める手法である。
　この資本的私企業は，ひとつのシステムであるが，制限されたクローズド・システムであり，社会と相互関連の薄いひとつの機関（organ）である。

2 「修正資本主義」と制度的私企業

　生あるものは，社会の変化に対応し，常に変化し，命を少しでも伸長しようと努力する。そして社会の変化に対応しきれなくなったものは早晩滅びていく。イデオロギーや企業も，その例外ではありえない。経営学の研究対象である企業は，企業経営の主体である経営者の資質（透視的洞察力，先見性，進取の気性，冒険心など）や能力（アイディアや創造能力など）の如何によっては，その寿命を伸長することが可能である。そのキーポイントになるのが変化やイノベーションである。つまり人間行動の進歩的側面である経営戦略や戦略的経営を実践することが必要不可欠である。もちろん，その企業やその経営に対する支持者が存在することが大前提ではある。

　人間は意識的思考力をその上部に据える。情緒性を基礎にもつ進化的生物であり，その人間には自意識・創造的思考力がある。このような人間が，思考プロセスにもとづいて，環境に適合していく場合の「永続的性向」には，慣習的前提，倫理的理念（ethical ideals），およびイデオロギーないしは社会哲学といったファクターが含まれる[2]。

　これらの永続的性向を構成するファクターは，人間の精神センターを構成する中核的要素である。これらの要素について，C. I. バーナードは，経営者の創造職能およびリーダーシップと協働システム（現存する，あらゆる組織）の発展の箇所で述べている。「創造職能はリーダーシップの本質である。……組織の存続は，それを支配している道徳性の高さに比例する。すなわち，予見，長期目的，高遠な理想こそ協働が持続する基盤なのである。……組織道徳の創造こそ，個人的な関心あるいは動機のもつ離反力を克服する精神である。……管理的責任とは，主としてリーダーの外部から生ずる態度，希望を反映しつつ，人びとの意思を結合する人びとの直接目的やその時代を越える（将来の）目的の達成のためのリーダーの能力である。……永続的な協働の基盤となっている道徳性は多次元である。……協働する人びとの間では，目に見えるものが，目に見えないものによって動かされる。無から人び

図表Ⅱ-1 制度の「静」と「動」

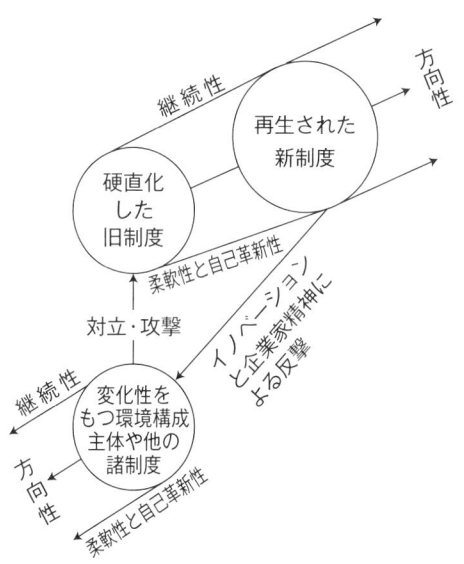

との目的を形成する精神が生ずるのである[3]」。

　制度（institutions）とは，基本的には，人間行動や集団行動を規制する習慣・慣習・希望・情緒・目標などで構成される生きものであり，永続性を志向し，進化する生きものである。企業という社会制度は，その維持のために時代の変化への対応，さらには時代を先取りすることが要求される。つまり制度維持論の導入が不可欠である。そこには，企業主体としての専門経営者の役割が期待される。これらの関係を表わしたのが**図表Ⅱ-1 制度の「静」と「動」**である。

　資本主義は，私有財産制を基礎とする企業や個人の自由な経済活動を容認するイデオロギーであり，制度である。資本主義も時代とともに変化し，進化するものである。このような資本主義は発達するにつれて，組織化や管理化が浸透し，一方で自由放任主義から国家（管理）主義へ，他方で政治を介入させた自己規制への移行，さらに（所得水準の向上による）多元主義の導

入によって，資本主義・国家主義・多元主義の融合した「利益集団自由主義」が，19世紀から20世紀初頭の公共哲学であった資本主義に取って代わって新しい公共哲学となった[4]。

このような，不公正を是正するという意味での修正資本主義の時代の私企業の典型が，制度維持論にもとづく「制度的私企業」である。わが国では，1960年代末～1980年代半ばにかけて制度的私企業が生成・開化したと考える。企業が社会的存在として注目され，批判されるようになり，社会的責任（social responsibility）が問われるようになった時代である。また企業が社会的規制を受け入れるようになり，企業が公器としての役割をも担うようになった時代を指す。

修正資本主義の時代においては，経営者の主体的行動の規制・修正を迫る。もちろん，社会的公正という意味での修正が求められるのである。また，利益集団自由主義は，多数決原理にもとづいた民主主義によって支配される。また，修正資本主義にもとづく適正な規模拡大路線を堅持する。

本節では，(1)制度的私企業の特徴，(2)オープン・システムとしての制度的私企業，(3)制度維持論の思考原理について取り上げる。

(1) 制度的私企業の特徴

「制度的私企業」において，主体的に企業経営を行うのは，企業経営に関する幅広い専門的知識をもった「専門経営者」である。この専門経営者は，資本所有をバックに企業経営を行う所有経営者とは異なる。専門経営者は，企業経営に関する専門的知識にもとづいて，多元的な「環境構成主体」からの一定の制約のもとで企業経営を行う。ここでいう一定の制約とは，多元的な環境構成主体からの好意や支持を得ることができるような，という意味での制約である。

このような制約を受けるという意味から，「制度的私企業」は公私混合企業という側面をもち，社会性・公益性・公共性を有する私企業である。換言すれば，企業主体としての専門経営者の行動は多元的環境構成主体，さらに

図表Ⅱ-2　企業進化と責任領域

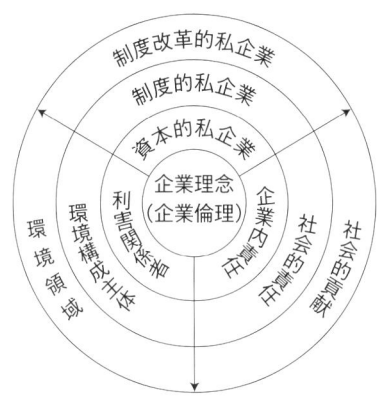

企　業　理　念：経営者の信念・信条，したいこと，すべきこと，してはならないこと
利 害 関 係 者：出資者，金融業者，従業員および労働組合など
環 境 構 成 主 体：出資者，金融業者，従業員および労働組合，顧客および消費者，納入業者，競争業者，政府および地方自治体，地域住民，研究機関など
環　境　領　域：経済的・技術的環境，社会的・文化的環境，自然的・地球的環境

精神センターの中核となる社会的道徳，企業倫理，企業理念などから制約を受けることによって客観性が付与される。そこで，利益集団を含む環境構成主体からの好意や支持を得るためには，各環境構成主体からの要求を内在化させた多元的目標を追求することが不可欠となる。

前述したように，資本的私企業から制度的私企業へ，さらに制度改革的私企業へと企業が進化するにつれて，それぞれ社会的責任領域も拡大・深化していく。また，その企業主体も所有経営者（機能資本家）から専門経営者へ，さらに機関としての専門経営者集団へと変貌していく。このような企業進化と責任領域を表わしたのが図表Ⅱ-2　企業進化と責任領域である。

(2) オープン・システムとしての制度的私企業

オープン・システムおよび有機体（organism）としての企業は，アメリカでは，第1次世界大戦（1914～1918年）後に現われるようになった。この有機体概念としての私企業には，次のような7つの特徴が見い出せるという[5]。

①企業の「存続と成長」（survival and growth）がその主要目標とされ，

その利潤はその存在理由から必要なものであるということ。

　対内的最高目標を対外的社会機能としての「顧客の創造」とし，企業の社会的役割・存在の意義づけ，最終目標である「存続と成長」を正当化しようとした。このような考え方を「制度維持論」という。更なる展開は後述する。

　この制度維持論の中で，企業の「存続と成長」という最終目標と表裏一体の関係にあるのが「利潤」概念である。この利潤概念について，P. F. ドラッカーは次のように定義づけている。ドラッカーによれば「……利潤なるものは存在しない。……あるものはコストのみである」とし，さらに「利潤とは明日の仕事のためのものであり，明日の年金である。いずれも企業のコストである。同時に経済のコストでもある。……企業の所得たる利潤は，企業に留保されようと，配当に廻されてしまおうとも……明日の仕事をつくる資本形成の最大の源泉……」であるという。そして企業が十分に回収すべきと期待されている種類のコストは，資本コスト，経済活動のリスク保険料，明日の仕事や年金のコストといった将来の資本ニーズであるとされる。かくて，資本の真のコスト，明日のリスク，明日の労働者や年金生活者の要求を満たすだけの利益を稼ぐことは，むしろ企業の経済的・社会的責任である[6]。

　②機関は固定的性格をもつこと，ならびに労働条件が労働組合と経営者との交渉の焦点であることから，経営権が機関化されたこと。つまり経営権の集団化・組織化が促進されたこと。

　③労働者や彼らの活動の地位，さらに，それらを包含する社会の変化が第二次世界大戦（1939～1945年）によって大きく加速され，労働の安全性の向上と生産高の向上の相関関係が生成されるようになったこと。アメリカの女性の社会進出もこの時機に加速された。

　④H. フォードのベルト・コンベア・システム（作業の細分化・単純化・専門化による分業システムで大量生産を可能とした）が普及し，さらにオートメーションの導入・拡大（生産の機械技術の進歩）が進行する中で，労働の技術の内容の重要性が増し，労働者の教育や訓練が主要課題となるとともに，労働者の自由，労働者への依存，管理対象外の専門的な知識労働者の増

大がもたらされたこと。

⑤労働者の技能（skills）の向上，増大により，彼らが専門家（professionals）としての意識に目ざめ，個人的願望や労働に関わる要求を，技能を求める雇用主（employers）にぶつけるようになったこと。

⑥経営者グループの主要な役割はイノベーションにあり，激しい環境変化への対応には人びとの管理の再考（例えば自主管理）が主要な問題であることが認識されたこと。

⑦企業の社会的責任が公共的な議論の対象となったこと。

オープン・システムとしての制度的私企業の特徴は概ね，以上のようになるとされる。さらに，1939～1945年の第2次世界大戦によって，本格的なシステムの時代が招来された。第2次世界大戦時における航空機やミサイル開発を契機に，戦後の1950年代には科学的学際活動が一般化する中で，本格的なシステムの時代が到来した。そこでは「統合的マネジメント」が行われるようになる。したがって，「製造」しようとする対象に対し，システム思考にもとづくシステムズ・アプローチがとられる。そこでは，その対象と関連するあらゆる諸科学を駆使する学際的アプローチ（interdisciplinary approach）がとられる。

システムズ・アプローチは，次の3つのステップを経て実施される[7]。

①理解するための道具である各部分を内包する「全体」の確認。

②「全体の行動ないしは特性」の理解。

③「道具としての各部分の行動ないしは特性」の理解。

現代に生起し，存在する多くの諸問題に対しては，以上のようなシステムズ・アプローチがとられる。われわれが研究対象としてきた人間，個人，集団，組織，企業，制度，共同体などはひとつの部分システムであり，それらは社会というひとつの大きなシステム内においてのみ存在しうることを証明するものである。このように，現代の諸問題を意識的に分析することは，将来起こるであろう諸問題に対処する唯一の道である。

先の「資本的私企業」が制限されたクローズド・システムであるのに対

し、「制度的私企業」は社会との相互依存性の強いオープン・システムであり、有機体である。さらに「制度改革的私企業」は、ネットワーク・システムである。ネットワーク・システムについては第3節で扱うことにしたい。

(3) 制度維持論の思考原理

前述の制度的私企業は、制度維持論をバックグラウンドにもつ。この制度維持論は、制度維持つまり「存続と成長」を最終目標とする。つまり、ある一定の適正な規模拡大を探求するのである。この制度維持論は、以下のような特徴をもつ。

①連続的で内部的な創造的破壊を思考。

②機会主義的思考——内外の変化を制約と捉え、さらに新技術・新製品・新市場・新システムなどの開発チャンスと捉え、実行性のある経営戦略を志向する。

③時系列的・歴史的・継続的思考・観察・分析。

④連続的発散と収束思考——企業経営を行う場合、例えば、わが社にとって制約とは何かを探索する場合は発散思考(divergence thinking)をとり、次の段階で制約要因のうち、どれに着目し、どの経営戦略を採用するかを決定する際には、収束思考(convergence thinking)にもとづいて、自社の社是・社訓や自社の経営能力などの制約的要素を鑑みつつ実行性のある経営戦略を採用していくというものである。

⑤バランス思考——2分法や弁証法にもとづいて、「正」vs「反」を明確にし、「合」を求めようとする考え方。

⑥「振り子の原理」——社会変化と企業の影響力を説明するための考え方であり、次のような4つの特徴をもつ。ⓐおもりである変化が当該企業に近づけば近づくほど振り子は激しく振れ、当該企業に多大なる影響を及ぼす。また変化が当該企業に近づけば近づくほど、当該企業にとって認知度は高まり、企業の対応もスピーディになる。ⓑおもりである変化が当該企業から離れれば離れるほど振り子は大きく振れ、その振れのスピードが遅くなるか

ら，企業への影響力は当面小さいが長く影響を受ける可能性がある。ⓒおもりである変化の大きさの大小は，振り子のスピードや振幅，つまり企業への影響力や影響時間とは，当面，直接的には無関係である。ⓓ振り子は他の力が加わらない限り，いつかは停止する。つまり安定する。そのように安定するのは，企業がその変化に対応した場合や，その変化自体が意味をなさない補完的な要因に変質したことを意味する。

　以上のような特徴をもつ制度維持論は，連続性をもった変化の波を想定しており，企業維持（存続と成長）を前提としていることから，企業そのものの枠組みや基本的理念の変更など構造改革的変化を求める状況は想定していない。つまり，そこで要求される最高次の意思決定は「戦略的」なものである。

　H. I. アンゾフによれば，戦略的意思決定は，企業の収益力を最適度に発揮できるような製品—市場ミックスの選択であるという。そして，その主要な決定事項は諸目標および最終目標，多角化戦略，拡大化戦略，経営管理組織戦略，財務戦略，成長方式やタイミング戦略などである[8]。

　これに対し，K. R. アンドルーズは，企業の本質的視点から経営戦略について論じている。アンドルーズによれば，「経営戦略とは，企業がどんな事業に属しているのか，あるいは，どんな事業に属すべきか，または，どんな種類の企業なのか，あるいは，どんな種類の企業であるべきなのかを明確化するように表明された企業の主要目的，意図，あるいは目標ならびに，これらの目標を達成するための諸方針と諸計画などからなる構図である」という[9]。ここでいう経営戦略の概念は，製品や市場に関連しているばかりではなく，さらに本質的な経営理念や環境構成主体の意向を踏まえたものであるという特徴を有する。

　アンドルーズの具体的な経営戦略は，①市場機会，②企業能力と諸資源，③人的価値と意欲，④株主以外の社会的構成員の存在承認の義務である[10]。アンドルーズは，より制度的私企業の色彩を強めている。

3 「民主資本主義」と制度改革的私企業

　わが国の現代社会は，局所的ダイナミックスや多極的ダイナミックスの時代から，組織構造的改革を伴う根本的かつ全域的ダイナミックスの時代にある。つまり，システムの構造的改革が求められているのである。このような構造的改革が求められている時には，企業家や企業家精神が必要とされる。このような企業家には，人間社会の「進歩」（progress＝主体的進化）と新しいシステムの創造を可能にする「創造的知性」（creative intelligence）が要求される。

　制度的私企業はオープン・システムとして認識されてきたが，制度改革的私企業ではネットワーク・システムとしての理解が必要となる。このことは，企業自体，構造的改革が求められていることを意味する。その際，これまでの多数決原理にもとづく民主主義では，集団化・組織化したもののみが影響力というパワーをもつことから，改革の核となる個人ベースの創造力やアイディアが無視され，構造的改革が受け入れられないことになる。その意味で，民主資本主義は，制度改革的私企業の前提条件となる。ここでいう民主資本主義は，構造改革の核となる個人やマイノリティ重視の自由主義や民主主義を内包する。そこでは，各個人の主体・自由意思が尊重される反面，個人が一定の能力主義と成果主義にもとづいて評価され，個人ベースでの責任が問われる。また，各個人の能力を発揮する機会が多く存在する反面，新時代にふさわしい能力をもつものともたないものとの格差が開き，ひとつの社会的不平等や不公正が生ずることになる。ひいては，格差そのものが社会的不安定をもたらすことになる。

　制度改革的私企業の前提となるのは，人びとや各ユニットが自立・自律し独創性を発揮することが要求される民主資本主義である。さらに制度改革的私企業として成立するには，次のような2つの条件を満たす必要がある。

　①企業進化——人間主義・市民主義・環境主義にもとづく企業経営が行われていることが，企業社会から事後的・客観的に認識・評価されること。

このように，企業進化は企業社会を構成する環境構成主体から事後的・客観的に認識・評価されることから，企業経営情報の十分な開示が基本条件となる。
　②企業進歩――明確な経営理念（社是・社訓など）や将来ヴィジョンのもとで，既成の諸制度や枠組みなどに捉われずに，自社情報発信者としての企業家（起業家）的経営者の主体的イノベーショナル経営や戦略的経営が連続的に志向され，実行されること。
　この企業進歩に関わる要素の関係は，次のようになる。つまり，個人的・主観的価値判断にもとづく信念・信条，それにもとづく経営理念（社是・社訓など），その経営理念にもとづく将来ヴィジョン，その将来ヴィジョンにもとづいてイノベーション（経営戦略と戦略的経営）が選択され，実行に移される。
　これらの①企業進化と，②企業進歩の結果として，企業の「存続と成長」を達成することができる。
　このような制度改革的私企業の前提条件としての(1)個の目覚めの時代，(2)制度改革的私企業とその環境システム，(3)ネットワーク・システムとしての制度改革的私企業，(4)制度改革論の思考原理，(5)企業の進化と進歩の評価基準について取り上げる。

(1) 個の目覚めの時代

　戦後，組織に取り込まれ，管理化の対象とされてきた個が組織やシステムに造反し始めた。それは，個が既存の組織やシステムから独立（自立・自律）し始めたことを意味する。それは，企業組織だけでなく，政治組織にも及んでいる。換言すれば，これらの組織，システム，制度に対して変革を迫っていることを意味する。制度的私企業も自ら構造的変革の道を模索することが要求されているのである。同様に，多数決民主主義や修正資本主義にも個を主体とした変革が迫られている。
　個の目覚めの時代の潮流と背景をまとめると，次のようになるだろう。

①経済の超低成長期ないしはマイナス成長への突入，社会的目標・方向性の欠如，社会道徳・倫理の欠如，社会的不公正の蔓延，国民の社会・経済政策への不信・不満，経済界・産業界・労働界のリーダーシップの低下，既存企業の業績の悪化による事業内容の縮小（撤退）・株式売却・設備廃棄・人的なリストラなどによる既存の組織や制度への不信感を醸成していったこと。

②既存企業や組織の業績悪化による目標や将来の方向性（ヴィジョン）さらに信念や信条にもとづく倫理や経営理念が喪失していったこと。

③これまでの既存企業や組織主導の組織化や管理化への個々人の反発や経営者のリーダーシップが低下しつつあること。

④既存企業や組織，さらに社会システムにおいて，製品や生産技術だけでなく，とりわけ福祉産業の人間に関する技術や安全・安心に関する技術において，ブレーク・スルー的イノベーションが希求されていること。

⑤既存企業や組織の業績悪化，事業内容の縮小・撤退，断続的環境変化によって，日本的終身雇用が実質的に不可能となる中で，原則的な長期雇用，短期教育制度や外部教育制度が導入され，日本的年功序列賃金・昇進をよりゆるやかにし，部分的にではあるが，個レベルの能力主義・成果主義が導入されつつあること。この場合，仕事自体は集団的なものではなく，個人的なものであることが前提条件となる。

⑥モノへの欲求の低下による価値観の多様化・個性化・高質化が希求されていること。

⑦さらなる高学歴化による個々人の自我意識や高級化意識がますます強まるだろうこと。

⑧個々人の内なる国際化の進行・外的な世界の広がり，さらに情報化・ネットワーク化が進行していること。

⑨激しい技術革新（ME技術，遺伝子情報技術を含むバイオテクノロジー〔生命工学〕，新素材，ナノテクノロジー〔超微細加工技術〕など）や自然環境重視のエコ産業，環境保全・改善事業の生成，人口の高齢化による高齢者・弱者の介護・福祉産業の育成などによって新規参入の機会が拡大してい

ること。
　以上の①～⑨のような背景をもつ個人が組織や制度やシステムから離れ，あるいは一定の距離を置くという意味で独立し，人的コミュニケーションやエレクトロニック・コミュニケーションを駆使して新しいシステム化やネットワーク化への動きを活発化させている。

(2) 制度改革的私企業とその環境システム

　現代産業社会は，企業系列・企業グループ・産業領域を越えた合併・買収・提携，さらに異分野・異業種への進出などによって，企業間・産業間のボーダレス化が急速に進行しつつある。この点については，第Ⅴ章第2節で取り上げる。同時に，今日の社会では，個々人の意識の向上や広がり，さらに価値観の変化・多様化などによって，制度改革的私企業を取り巻く環境システムは，急速かつダイナミックに拡大の一途を辿っている。

　今日の全体社会システムと企業社会および環境システムを，主体という視点からまとめると図表Ⅱ-3のようになろう。

図表Ⅱ-3　「主体」からみた全体社会システムと企業社会および環境システム

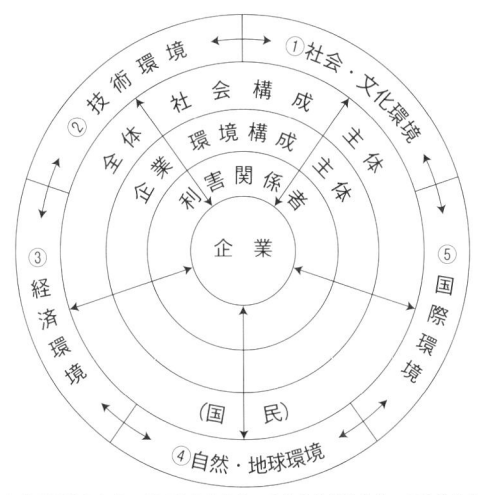

（図：同心円状の図。中心から「企業」→「利害関係者」→「企業環境構成主体」→「社会構成主体」→「全体」。外周には①社会・文化環境，②技術環境，③経済環境，④自然・地球環境，⑤国際環境。下部に「(国民)」）

注：企業環境構成主体―集団的自由主義，全体社会構成主体―個人的自由主義

代表的な現代企業である制度改革的私企業を取り巻く環境システムは，次のようにまとめることができよう。

(a) 社会・文化環境

① 国民の高学歴化や物的生活水準の向上を背景とした消費者の細分化・多様化・個性化の更なる進行。

② モノへの関心から，人間および人間の健康，安全・安心，自然，文化，知識，知恵，余暇時間，高等教育への関心の持続。

③ 一層の高齢化社会の進行による購買意欲などの市場活力の低下。

④ 男女共同参画型社会への関心の高まりと若年労働者の活性化と専門職者としての期待の高まり。

(b) 技術環境

① 情報技術（IT）やネットワーク技術の急速な発展。

②「ハード」の生産から「ソフト」の生産へ重点が移り，研究開発，財務，企画・調査，コンピュータ関連，マネジメントにたずさわる人びと，つまり知識労働者（knowledge worker）への期待の高まり。

③ マイクロコンピュータを組み込んだ ME 機器の普及による自働化，小型・軽量化，多機能化製品の開発と機器間ネットワーク化の促進。

④ バイオテクノロジー（生命工学）つまり遺伝子の組み替え，組織培養などによる新薬の開発，食糧増産，石油に代わる植物の燃料化（バイオマス）の技術開発の一層の推進。

⑤ ニュー・セラミックスや形状記憶合金などの技術開発の進展。

⑥ ナノメートル（100万分の1ミリ）単位で加工・計測する技術であるナノテクノロジー（nanotechnology）の開発への期待の高まり。ナノテクノロジーは超々精密技術であり，燃料電池向けの水素貯蔵材料，高集積チップ，抗エイズ薬などへの応用が期待される炭素系新素材，体内に進入して病気を治療するロボットの開発などである。

⑦ エコ技術，つまり使用電気量を少なくする省エネ型技術（ハイブリッドカーの開発，電気自動車の開発，資源再利用技術の開発など）と，ク

リーン・エネルギー技術（太陽光発電・蓄電技術の開発，家庭用を含む風力発電技術の開発，地熱や波力発電技術）の開発への期待の一層の高まり。
⑧原子力発電技術への不信感の高まりと，安全・安心なエネルギー政策の再構築への期待の高まり。

(c)経済環境
①鉄鋼や造船といった重厚長大産業の衰退，鉄道産業の持続的成長，自動車・電気機器・機械産業の成熟化。
②モノづくり産業から知識産業や新産業（IT産業，情報ネットワーク産業，バイオ産業，エコ産業，健康産業，福祉産業など）への労働移動，技術研究開発や公的支援の重点移動。
③採取産業である第一次産業，つまり農業・林業・水産業の構造的見直しと再生。
④国内市場全体の縮小と消費者の製品への好みの多様化と個性化による各製品市場の細分化・縮小化。
⑤国内市場規模の限界，ネットワーク技術の進展による脱巨大組織化つまり企業のグループ化，ネットワーク化の進行。

(d)自然・地球環境
①二酸化炭素（CO_2）から酸素をつくり出したり，地表から大気に還元される水分を調整したり，気温を調整したりするなど，森林の果たす役割が大きいことの再認識。
②二酸化炭素など温室効果ガスによって地球の温暖化が進み，沿岸部や島々の水没・生物の活動範囲の縮小，干潟の消滅による海水浄化作用の低下や渡り鳥の生育地の減少などへの懸念の広がり。
③焼畑耕作や森林の農地への転用，過剰な薪炭材の採取，放牧地の拡大，燃料や輸出用としての過度の木材の伐採やそのための道路建設などによる森林の破壊や砂漠化の急速な進行，自然の防波堤であるマングローブの伐採による海岸線の後退などへの対応。

④酸性雨の原因となる硫黄酸化物（SOx），窒素酸化物（NOx）の元となる硫黄分や窒素分，地球温暖化の主原因とされる炭酸ガスの元となる炭素分を含有する化石燃料（特に石炭や石油など）に代わる「地球に優しいエネルギー」（太陽光発電，風力発電，太陽熱，燃料電池，メタノール・石炭液化など）開発への期待の高まり。

(e)国際環境

①主たる対立軸が，東西対立（資本主義対共産主義），南北対立（南に多い貧困層対北に多い富裕層）から宗教・民族対立にシフト。国境紛争は徐々に減少。

②グローカライゼーション（地域主義に根ざしたグローバル化）の一般化，つまりグローバル指向から地域のつながり，文化，民族，マイノリティ重視の方向への転換。

③NIES（新興工業経済地域：韓国，台湾，香港，シンガポールなど），中国やASEAN（東南アジア諸国連合：インドネシア，マレーシア，フィリピン，シンガポール，タイなど）の経済発展と経済的一体化の強まり。

④中国の国際経済への貢献度の高まりと国内市場開放への圧力の高まり。

⑤わが国の人びとと海外，とりわけアジアの人びととの人的交流の拡大と高まり，外国人技術者や労働者への需要の高まり。

(3) ネットワーク・システムとしての制度改革的私企業

　現代社会は，分離・分散化し，個別化し，ユニット化しつつある。消費者でもあり生産者でもある国民自体も多変的な意識をもちつつあり，そのような多様で多変的な意識変化に対応できない機関，組織，システム，制度は，長く存在できない。翻（ひるがえ）っていうならば，現代社会には，何らかの凝集能力をもった「信念・信条」「倫理」「理念」「将来ヴィジョン」「イノベーション」が求められている。

　自由主義・自由競争を基本とする資本主義は，ある一定の集団的な意思・

意見・領域をカバーしうる。これに対し、民主主義は個が基本であり、実に多様で、マイノリティや個レベルの議論が対象となる。経済や産業社会が右肩上がりの拡大をしている時には、規模拡大や事業多角化などによって、そのような多様化や個性化などに対応しきれた。しかし、今日では、右肩下がりの縮小・多様化の経済や産業社会の状況にあり、しかも個別的に激しく変化する国民社会にあって、事業の多角化だけでは対応しきれない。そこで、既存企業は分社化を進めた。分社化した、それぞれの個別企業は、多様な変化に対応することを可能にするレベルまで、それぞれ規模を縮小してきた。分社化されたネットワーク企業は、ひとつひとつの目的・製品・市場・技術力などをもつことになる。個々のユニットは「自立性」「自律性」「独創性」をもちつつ、何らかのネットワーク型の企業グループを形成する。このネットワークは、①より自由主義的競争レベルの対立・競争型と、②より民主主義的競争レベルの共生型・共創型などに分類される。

このネットワーク・システムは、情報システムの特徴である「いつでも、どこでも、誰でも、必要とする時に……」という言葉に代表されるように、誰もが、公平に、いつでも、地域や国境を越えて情報を共有しうる。このような特徴はメリットになりうる場合とそうでない場合がある。同時に、実際には、誰もが、このメリットを享受できるわけではない。また、流布される情報が、確かなものであるとも限らない。個人情報の問題や誹謗中傷の問題や秘密漏洩（ろうえい）問題などを引き起こす場合がある。このネットワークは、前述したように、対立・競争型と共生・共創型とに分類される。本書では、このネットワークの概念は、対立・競争型と共生・共創型を内包する。そこで、ネットワークを形成するユニット間の関係には、さまざまなレベルが存在する。

(4) 制度改革論の思考原理

制度改革論は、制度維持論の思考原理を内包しつつも、本質的・全般的な枠組みを含めた組織構造改革を志向する連続的な創造的破壊思考にもとづい

たイノベーショナルな経営，つまり戦略的経営を行う。その結果として，制度改革的私企業は「存続と成長」をなしえるのである。

この制度改革論は，次のような思考原理をもつ。

(a)　制度維持論の思考原理

①連続的で内部的な創造的破壊思考

②機会主義的思考

③時系列的・歴史的・継続的思考・観察・分析

④連続的発散と収束思考

⑤バランス思考

⑥振り子の原理

(b)　制度改革論独自の思考原理

①常識や既成事実の通用しない逆発想

②断続的歴史観にもとづく創造思考

③主にアイディアや知恵にもとづく，変化創造の機会主義的思考

このような思考原理にもとづいて，すべてに変化を創造する戦略的経営を志向するのが制度的私企業である。

(5) 企業の進化と進歩の評価基準

広義の企業進化の評価基準は，①狭義の企業進化の評価基準と，②企業進歩の評価基準からなる。①前者は人間主義・市民主義・環境主義にもとづく企業経営が行われているかどうかであり，環境構成主体によってその結果が評価される。②後者は企業進歩の評価基準は，第1次的基準である経営者の将来ヴィジョンにもとづく経営戦略と戦略的経営の実施と，第2次的基準である経営戦略の実施結果としての経営資源の集中と活用度・企業の経営力・新製品開発と多角化率や，戦略的経営の実施結果としての新規事業開発比率・ネットワーク化率・組織活性化率，地域主義の海外活動比率からなる。

これらの3つの基準をもとに，環境構成主体は客観的評価をする。その結果として，企業が社会制度として認知され，さらに，さまざまな環境構成主

図表Ⅱ－4　広義の企業進化の評価基準

```
広義の企業         狭義の企業       人間主義・市民主
進化の評価   ──   進化の評価  ──  義・環境主義に基づ
基準              基準            く企業経営の実施

                                  第1次的基準──
                                  経営者の将来ヴィ
                  企業進歩の       ジョンに基づく経
              ──  評価基準    ──  営戦略や戦略的経
                                  営の実施

                                  第2次的基準──
                                  経営戦略や戦略的
                                  経営の実施結果と
                                  しての経営資源の
                                  集中と活用度・企
                                  業の経営力・新製
                                  品開発と多角化率
                                  や，新規事業開発
                                  比率・ネットワー
                                  ク化率・組織活性
                                  化率・地域主義の
                                  海外活動比率
```

環境構成主体による客観的評価 → 企業の社会制度としての認知 → 消費者や株主などの環境構成主体の行動基準への影響

体の行動基準に影響を与える。例えば消費者が，ある企業を社会制度として認知するということは，その会社に親しみを感じ，それはさらに購買意欲に繋がることになる。

　以上のことをまとめると，**図表Ⅱ－4広義の企業進化の評価基準**のようになる。

　このような評価基準は，従業員や消費者や地域住民といった国民主義的立場からみれば，期待を意味する。通常の経営や，経営戦略や戦略的経営を行う場合には，人間主義・市民主義・環境主義にもとづいて行われることが期待されている。このうち，人間主義や市民主義にもとづいた企業経営やイノベーションは，多くの場合，認知されてきた。しかし，環境主義にもとづく企業経営やイノベーションは，相手が特定できず，範囲も地球レベルでの議

論のため，具体的な対策が見い出せないこともある。換言すれば，われわれの社会や生活と最も乖離しているのは自然環境との関わり合いである。

　そこで，1970年代までの後期資本主義社会特有の成熟化した「モノの豊かな社会」の変質について取り上げておかねばならない。そのような変質は，日本では1980年代半ば以降，顕著になったことであり，次の3点に絞られよう。

　①生活環境の悪化に対応した自然環境への回帰，言い換えれば生活環境と自然環境との関わりの再認識である。

　②自然とのバランスを欠いた科学技術文明の「暴走」への脅威である。この暴走は，われわれの生活環境や自然環境ばかりでなく，社会環境や経済環境を破壊し尽くすだけの力を持ち始めている。われわれの政府・企業・経済が取り返しのつかないほどの莫大な借金を抱え込み，再生不可能な社会になってしまうことも想定されうる。例えば，赤字国債の金利の支払いや，災害による巨額の賠償金の支払い，個人情報の漏洩問題の賠償金の支払いなどが，現在，クローズアップされている。多くの科学技術は未完成品であり，完璧な完成品はありえないことを認識すべきである。そこで，常に，最悪の事態を想定し，そのリスクを少しでも減らす努力を継続的にしなければならない。同時に，リスク回避の対策を常に用意しておかねばならない。問題点が見えるようにすることが大切である。

　③消費の変質であり，その内容としては，「モノからコトへ」「消費の個性化」「生活様式の多様化」「感性」「消費の差別化・記号化」「消費者の小衆化・分衆化」などがあげられる。現代の商品価値は，実体としての商品の使用価値よりも象徴的価値，つまりデザイン，形，カラー，ブランド，容器などの感性的イメージに大きく左右される[11]。

　われわれは，特に，1970年代末までは「飽くなき過剰消費」へ狂奔し，際限のない相対的欲求からなる社会，「差異とイメージ」から使い捨て文化の社会，つまり「高度大衆消費社会」（high mass consumption society）では，浪費構造の体制化によって「自然環境の破壊や生活環境の悪化」がもた

図表Ⅱ-5　人間社会と自然環境との相互作用

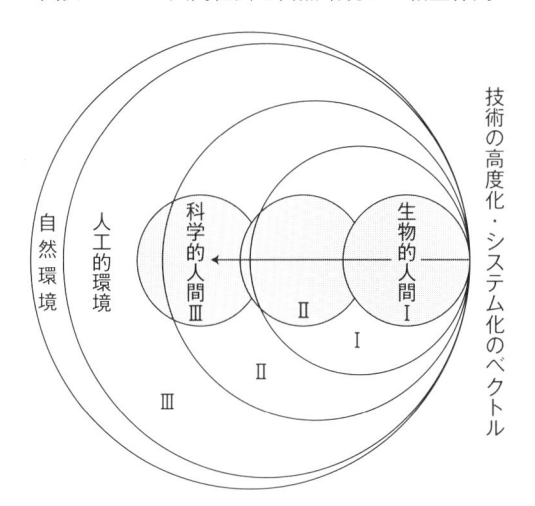

（図：同心円状に外側から「自然環境」「人工的環境」、内側に三つの円「科学的人間Ⅲ」「Ⅱ」「生物的人間Ⅰ」が並び、右側に「技術の高度化・システム化のベクトル」、左向きの矢印）

注：生物的人間：生きることを主たる目的とする人間
　　科学的人間：科学技術文明のもたらしたものに依存する人間
　　人工的環境：西洋合理主義に根ざした科学技術文明によってつくられた社会的環境
　　自　然　環　境：人間の手が加えられていない環境

らされてきた[12]。

　このような科学技術の発展は，これまではわれわれの人間社会と自然環境に，徐々に，影響を及ぼしてきた。このような関係を表わしたのが図表Ⅱ-5である。

　われわれは，1980年代半ば以降，顕著になった「生活環境・科学技術文明・過剰消費」と対峙する「自然環境」を考え，今一度，人間・自然・社会について考え直すことが必要である。したがって，消費財に関わる科学技術開発の限界点への到達によって，「物質代謝」が衰退し，物質的豊かさへの欲求が減速（化）することによって「情報代謝」も衰退する。それは，やがて「生命代謝」への関心の高まりによって，科学と自然との共存の必要性の増大，「人間の尊厳」の意味の再構築が必然的に要求されるようになってきた。

注

1 ）T. J. Low, *The End of Liberalism*, UNL Agency, 1979（Th. J ロウィ著，村松岐夫監訳『自由主義の終焉―現代政府の問題性―』本鐸社，1990 年，27 頁）。
2 ）J. R. Commons, *Institutional Economics*, The University of Wisconsin Press, 1934, p. 98 and pp. 698-699.
　　J. R. Commons, *Legal Foundations of Capitalism*, Augustus M. Kelley, Publishers, 1924., p. 89.
3 ）C. I. Barnard, *The Functions of the Executive*, Harvard University Press, 1938, pp. 281-294（C. I. バーナード著，山本安次郎・田杉競・飯野春樹訳『新訳　経営者の役割』ダイヤモンド社，1968 年，293-297 頁）。
4 ）Th. J. ロウィ著，村松岐夫監訳，前掲書，53 頁。
5 ）R. L. Ackoff, *Creating the Corporate Future*, John Wily & Sons, Inc., 1981, pp. 27-29 に加筆修正。
6 ）P. F. Drucker, *The Changing World of the Executives*, Truman Talley Books・Time Books, 1982（P. F. ドラッカー著，久野桂・佐々木実智男・上田惇生訳『変貌する経営者の世界』ダイヤモンド社，1982 年，56-62 頁）。
7 ）R. L. Ackoff, op. cit, p. 16.
8 ）H. I. Ansoff, *Corporate Strategy*, 1965, McGraw-Hill, Inc.（H. I. アンゾフ著，広田寿亮訳『企業戦略論』1969 年，産業能率短大出版部，12 頁）。
9 ）K. R. Andrews, *The Concept of Corporate Strategy*, 1971, Dow Jones-Irwin, Inc., p. 28（K. R. アンドルーズ著，山田一郎訳『経営戦略論』1976 年，産業能率短大出版部，53 頁）。
10）Ibid., p. 38（同上 65 頁）。
11）高瀬浄著『エコノミーとソシオロジー―象徴社会から知的回帰―』文眞堂，1989 年，210-212 頁。
12）同上，227-229 頁。

第III章

制度的私企業と「経営戦略」

　第2次世界大戦後の株式会社は，資本的私企業，制度的私企業，制度改革的私企業へと発展してきた。このうち，資本的私企業は，元来の私的所有と自由競争を基本原理とし，「利潤極大化」を目指してきた。公害問題などの反社会的企業行動によって，企業への社会的規制が強化され，社会的責任が問われるようになった段階の企業を制度的私企業という。この制度的私企業では，企業も社会の一員であるという市民主義にもとづき，社会の目線からみた企業という立場から，適正利潤を目指し，「存続と成長」を最終目標としてきた。H.フォードのように対内的最高目標を「顧客の創造」に求めるなど，特徴を有する考え方もある。

　資本主義が修正資本主義から民主資本主義へと発達するにつれ，企業も社会制度としての制度的私企業にも，経済がマイナス成長に移行するにつれて制度改革が求められるようになってきた。制度改革的私企業のレベルでは，「存続と成長」はイノベーションの結果であり，環境構成主体の支持を背景とする。

　制度的私企業では，多角化戦略によって，規模拡大を求め「経営戦略」を展開する。この経営戦略については，本章で議論する。これに対し，制度改革的私企業では，多角化による規模拡大を求めるのではなく，質と効果を求める。この「戦略的経営」については，次章以降で展開する。

図表Ⅲ－1　イノベーションの分類

		基本的特徴	内　容
イノベーション	制度的私企業における経営戦略	本業にこだわる＝本業の深化 構造改革なし 関連市場・関連技術 新製品から新事業の展開	経営資源戦略 企業の成長（多角化）戦略 経営力維持戦略 垂直的な競争ネットワーキング戦略 グローバル戦略　等
	制度改革的私企業における戦略的経営	本業にこだわらない 構造改革を伴う ボーダレス化への対応 新規事業の展開から新製品の開発	新規事業開発戦略 水平的な共生・共創ネットワーキング戦略 企業文化のイノベーションと創造戦略 グローカライゼーション戦略　等

　これらの経営戦略と戦略的経営を包含する概念がイノベーションである。この経営戦略と戦略的経営を分ける基準およびその対象となる戦略は，図表Ⅲ－1のようになるだろう。

1　制度的私企業のイノベーションと経営戦略

　1900年代初期のアメリカでは，工場管理が経営学の主たる内容であった。その代表的な管理論がF. W. テーラーによって確立された科学的管理法である。いわゆる生産現場における物理的・経済的側面を主として取り扱ってきた。1920年代中頃からは，生産現場において，人的資源に初めて真正面から取り組むようになってきた。これが人間関係論の生成である。1930年前後から，企業とその経営全体を扱う経営学が生成された。1930年代から経営戦略の基礎が，J. R. コモンズやC. I. バーナードによって確立された。1960年代半ばから1970年代には，H. I. アンゾフやK. R. アンドルーズによって経営戦略論の体系が確立された。1978年には，H. I. アンゾフによって，P. F. ドラッカーのいう断絶の時代や，経営資源の重要性が認識された。戦略的経営の基礎が生成・体系化された。

図表Ⅲ－2　管理と経営

グレード	管理	経営	
		経営戦略	戦略的経営
目　標	改善・改良	イノベーション	
指　標	効率性	部分的効果性	全体的効果性
必要な要素	知識／アイディア・知恵		
	経験		

　これらの経営学の諸理論をもとに管理と経営についてまとめると，図表Ⅲ－2のようになる。

　前述したように，イノベーションは，①制度維持論を前提とする「経営戦略」と，②制度改革論を前提とする「戦略的経営」とに分類される。①経営戦略では，企業主体である専門経営者の主たる職務は変化への対応と戦略化である。これに対し，②戦略的経営では，企業主体である企業家的専門経営者は変化の創造と戦略化が主たる職務となる。

(1) 制度的私企業におけるイノベーションの機会

　ここでは，イノベーションについて，制度維持志向のイノベーションと制度改革志向のイノベーションとに分類し，その内容について分類する。P. F. ドラッカーに依拠して展開することにしたい[1]。

　A　制度維持志向のイノベーションの機会
　(a)　企業や産業の内部事象
　①予期せざる成功や失敗
　　ⓐ予期せざる成功――経営者の知識・理解・構想力の欠如，事業・技術・市場の定義のズレの発生が原因
　　ⓑ予期せざる失敗――製品のコンセプト・デザイン
　②将来ヴィジョンや認識などと実際とのギャップ

ⓐ需要と供給とのアンバランス──需要ないし市場の細分化および特化
　　　　への不対応
　　　ⓑ目標認識と直面する現実の成果とのアンバランス
　　　ⓒ企業側の認識と消費者の価値観とのアンバランス
　　　ⓓ実際の企業活動内容と将来ヴィジョンとのギャップ
　　③プロセス改善・改良のニーズ
　　　ⓐ実際の購買・生産・販売などのライン業務と人事・財務などのスタッ
　　　　フ業務のプロセスとのリンクやバランス，さらに一貫性の欠如
　　　ⓑ組織メンバーの年齢構成の変化
　　　ⓒ研究開発技術の製品や生産システムなどへの適用ニーズの変化
　　④産業や市場の構造的変化
　　　ⓐ経済成長や衰退を上回る速さでのある産業の急速な成長や衰退
　　　ⓑ産業規模の拡大・縮小
　　　ⓒ産業自体の成熟化
　　　ⓓ一見無関係な技術の組み合わせ
　　　ⓔ革新的技術開発
　(b)企業や産業の外部事象
　　①予期せざる外部の変化
　　　ⓐ国内経済と国際経済との相互関連の拡大・深化・複雑化
　　　ⓑ国際経済・政治・社会間の相互関連と，その国内経済・政治・社会な
　　　　どへの影響の拡大・深化・複雑化
　　　ⓒ情報システムの発展による国内外の経済・政治・社会への影響の拡
　　　　大・深化・複雑化
　　②人口構成の変化
　　　ⓐ総人口の増減
　　　ⓑ年齢別・性別構成の変化
　　　ⓒ雇用状況の変化
　　　ⓓ教育水準の変化

ⓔ所得階層の変化
　③認識（ものの見方，感じ方，考え方）の変化
　④構造改革を伴わない新しい（科学的・技術的・社会的）知識の獲得
　B　制度改革志向のイノベーションの機会
　①構造的改革を伴う新しい（科学的・技術的・社会的）知識の獲得
　②発見的知識
　③企業家の信念・信条や価値観にもとづくアイディア
　④経営理念にもとづく将来ヴィジョン

　後者の制度改革的志向のイノベーションは，もっともリスクが大きく，成功する確率も低い。しかし，新しい事業，新しい雇用，新しい経済や産業，さらに企業を生み出すだけのパワーをもつ。それは社会にとってもっとも必要な資源である行動力，野心，創意工夫の才の健全ぶりを示すものである。

(2) 制度的私企業における経営戦略

　イノベーションは，①制度的私企業の変化対応型と，②制度改革的私企業の変化創造型とに分類できる。①は経営戦略であり，製品・市場の動きに対応したイノベーションと構造改革を伴わない新しい知識にもとづくイノベーションとに分けられる。それは経営者的イノベーションでもある。②は戦略的経営であり，構造改革を伴う新しい知識にもとづくイノベーションとアイディアにもとづくイノベーションがある。それは企業家的イノベーションである。そこで，現代の経営者の職務は，①経営者的イノベーションである経営戦略と，②企業家的イノベーションである戦略的経営とに大きく分類できる。これらのイノベーションの分類をまとめると，図表Ⅲ－3のようになろう。

　では，このようなイノベーションの分類をもとに，A 変化への対応型イノベーションである経営戦略と，B 変化創造型イノベーションである戦略的経営とに分けて，以下に取り上げる[2]。

　A　変化への対応型イノベーション＝経営戦略

図表Ⅲ－3　イノベーションの分類と現代的経営者の職務

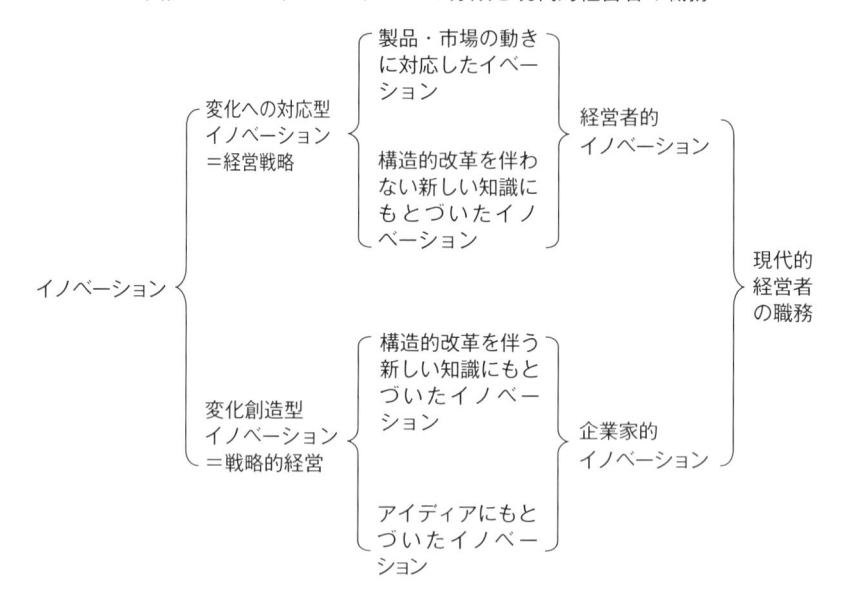

イノベーション
- 変化への対応型イノベーション＝経営戦略
  - 製品・市場の動きに対応したイノベーション
  - 構造的改革を伴わない新しい知識にもとづいたイノベーション
  　→ 経営者的イノベーション
- 変化創造型イノベーション＝戦略的経営
  - 構造的改革を伴う新しい知識にもとづいたイノベーション
  - アイディアにもとづいたイノベーション
  　→ 企業家的イノベーション

→ 現代的経営者の職務

(1) 手薄なところへの一点集中戦略

① 「標準製品化」による市場支配を行おうとする戦略。

② 市場追従型の柔軟思考戦略——市場リーダーがこれまで扱ってこなかった手薄な分野やその製品市場にアプローチし，顧客志向の品質や価格の製品を開発しようとする戦略。

(2) 製品や市場の性格を変える戦略

① 顧客満足化戦略——顧客自らの欲求やニーズに対応した戦略。

② 顧客の可処分所得に対応した価格戦略。

③ 顧客の社会的・経済的現実（例えば手持ちの資金の不足）に対応する戦略（割賦販売など）。

B　変化創造型イノベーション＝戦略的経営

(1) 新分野への一点集中戦略

　新産業や新市場の創造をねらいとする企業家的戦略——まず，イノベーションの機会を綿密に分析し，ひとつの目標に向かって努力を集中し，目途

がつき次第，必要なあらゆる資源を一点に集中的に投入。

(2) 重点占拠戦略

　生態学的戦略（ecological strategy）ともいえるもので，他社との共存を意図する戦略。他社との競争や他社からの挑戦を回避する戦略で，自らの製品市場において実質的な独占（monopoly）を実現しようとする戦略。

① ニッチ（すきま）戦略——小さく，特殊性を有する戦略。その特殊性を維持するには，研究開発がポイント。

② 専門技術戦略——専門的技術をもってユニークな支配的地位を確立しようとする戦略で，自社技術の継続的の向上が不可避。

③ 専門市場戦略——新産業や新市場をリードすることが要求される戦略で，つねに市場イノベーションと製品やサーヴィスの向上に心掛けることが要求される戦略。

(3) 一人一人の顧客の価値観に対応した戦略

　顧客が満足し，効用を見い出す，価値中心戦略。

　以上のように，構造改革を伴わない経営戦略と構造改革を伴う戦略的経営，それらの経営者的イノベーションと企業家的イノベーションを総称してイノベーションという考え方を基本としてきた。また，経営戦略や戦略的経営についても，実に，さまざまな方法が包含されることも理解しえた。

　本章においては，現代的な経営戦略の課題として，「経営資源戦略」「企業成長戦略」「製品開発と多角化戦略」を取り上げることにしたい。

2　経営資源戦略

　「経営をすること」すなわち「経営戦略」を実行することは，経営者として当然の職務である。これは，一定の組織構造内での経営者の職務であり，そのもっとも基本的な職務が「経営資源戦略」である。

　この経営資源戦略について，本項では(1)経営資源と個別資源戦略，(2)経営資源の集中化・細分化・ネットワーク化戦略を取り上げる。

(1) 経営資源と個別資源戦略

　現代企業にとって，経営資源の調達・開発・活用は，基本的かつ中核的課題であり戦略である。資源の調達や開発，さらにアッセンブリー会社にとっての部品の調達や開発は生産のネックになる場合がある。わが国では，資源や部品の供給の遅れが，全体の生産ラインに大きな影響をもたらし，ラインがストップしたり，生産量を落とさなければならないなどの事態が生じた。生産の同時化の重要性があらためて知らされたのである。ここでいう経営資源とは，主に３Ｍ（スリーエム）＋ TICT（プラス テイクト）である。

　ここでは，経営資源を３つの次元で捉え，段階的に考えてみよう。

(a)第１次的資源戦略

3M

①ヒト——人的資源の雇用・教育・能力開発戦略

②モノ——原材料・部品・設備調達・開発戦略

③カネ——資金調達・運用・投資戦略

(b)第２次的資源戦略

TICT

①テクノロジー——生産・製品・情報（知識）関連の技術戦略

②インフォメーション——情報（知識）収集・分析・創造戦略

③カルチャー——文化活用・創造戦略

④タイム，タイミング——研究開発・製品開発などのスピードアップ戦略，生産から販売までのリードタイムの短縮戦略，ジャスト・イン・タイム戦略[3]

(c)第３次的資源戦略

経営力（企業経営能力）

①基礎研究・製品開発戦略

②機能別経営戦略——生産戦略，マーケティング戦略，人事戦略，財務戦略など

③市場開発戦略

④情報ネットワーキング戦略
　⑤組織一体化戦略——帰属意識・参加意識向上戦略，CI 戦略[4]
　⑥弾力的組織生成戦略
　⑦国際経営戦略——国際的競争戦略・国際的経営戦略
　⑧その他

(2) 経営資源の集中化・細分化・ネットワーク化戦略
　本項では，経営資源の集積度に応じた経営戦略を分類し，それぞれの分類に含まれる具体的な経営戦略をあげてみた。それは以下のようになるだろう。
　(a)資源の切り捨て・集中化戦略——業績悪化や撤退による資源の切り捨て，集中化戦略，将来事業への資源集中化戦略
　(b)資源の分割・細分化戦略——多角化や新事業の展開による資源の分割・細分化戦略
　(c)資源のネットワーク化戦略——既存の細分化された資源のネットワーク化戦略，既存の集中化された資源と外部資源とのネットワーク化戦略，既存の細分化された資源と外部資源とのネットワーク化戦略など

3　経営者と企業成長戦略

　これまで扱ってきたアメリカ型の資本的私企業や制度的私企業では量的な規模拡大が追求されてきた。資本的私企業は，資本主義の発展とともに量的な規模拡大が求められた。後者の制度的私企業では，資本主義の発展や経済成長が安定成長や低成長になるに従い，環境構成主体などからの制約を受けながらも規模拡大を追求してきた。その背景が経営者の経営戦略にあった。
　「存続と成長」という制約的な規模拡大を追求してきた制度的私企業に対し，制度改革的私企業では，生活上の質的欲求の変化を背景として，組織構造改革を伴う戦略的経営が実施され，「存続と成長」という最終目標が 2 次

的目標に押し下げられ，国民主体の生活水準の質的向上，国民の安全・安心，国民の価値観からみた企業が求められるようになった。このような変化を，民主資本主義として位置づけたのであった。このような資本主義の発展に関する理解は，企業や政治組織の脱皮を求めており，国民主体の変革が要求されていることを意味する。別の観点からみれば，国民の要求が正当性をもつものとみなされるには，企業や政治組織だけでなく，国民にも責任が問われていることを意味する。この考え方は「自由と制約（責任）」というアメリカ的な考え方の延長線上にある。いわゆる「自己責任論」である。

　本項では経営者の経営戦略や戦略的経営，さらに通常の職務・機能・資質を含めた経営者論を歴史的に考察を試みることにしたい。したがって本項では，次の3つの項目に分けて，取り上げることにしたい。つまり，(1)経営者の職能・機能・資質，(2)経営者能力論，(3)企業の経営力とトップの経営力について分析する。

(1) 経営者の職能・機能・資質

　トップ・マネジメント論は，まず，大きく「経営者職能論」と「経営者機能論」とに分類される。

　第1のトップ・マネジメント論――「経営者職能論＋経営者機能論」

　経営組織管理論者であるC. I. バーナードによれば，経営管理職能は「目的と目標の定式化・具体化」「コミュニケーション・システムの形成と維持」「必要な活動と貢献意欲の確保」である。このうち目的と目標の定式化・具体化プロセスを，バーナードは意思決定プロセスであるとした。

　第2のトップ・マネジメント論――「経営管理職能論＋経営者機能論」

　マネジメント・プロセス論者であるH. クーンツ＆ C. オドンネルによれば，経営管理職能は，全体および部分目標のための方針，個別計画，手続きの選択といった「計画化」，目標達成のための「組織化」，職務への人の配置という「人事化」，部下の「指揮」，成果を計画に適合するように強制する「統制」からなる。これらは，マネジメント・サイクルとして知られている。

H. ファヨールの plan-do-see というマネジメント・サイクルの流れを汲む。

また「経営者機能論」によれば，経営管理者の機能は「意思決定」(decision making) に集約される。このうちトップ・リーダーである経営者の機能は，経営戦略や戦略的経営といったイノベーショナルな職能を実施に移すための「戦略的意思決定」である。

第3のトップ・マネジメント論――「経営者資質論」

C. I. バーナードは全般的なリーダーの動態的・活動的な資質として，次の5ポイントをあげている[5]。それは①バイタリティと忍耐力 (vitality and endurance), ②決断力 (decisiveness), ③説得力 (persuasiveness), ④責任感 (responsibility), ⑤知的能力 (intellectual capacity) である。最後の知的能力とは，知識にもとづいた創造的能力であり，未来のリーダーにとっての基本的かつもっとも主要な能力である。

第4のトップ・マネジメント論――「経営者機能論＋経営者能力論」

この第4のトップ・マネジメント論については，次の第2項で取り上げる。

(2) 経営者能力論

この経営者能力論の基本的視点として，清水龍瑩は，「企業経営の目的は長期に維持発展することである。資本主義社会の中で企業が長期に維持発展していくためには，（ある程度の）利潤を獲得し蓄積していかなければならない。この企業の利潤の源泉は企業内の人びとの創造性の発揮にある。経営者の創造性は戦略的意思決定に発揮され，技術者・研究者の創造性は新製品・新技術の開発に発揮され，中間管理者の創造性はどうしたら部下にやる気を起こさせられるのかという工夫に発揮され，一般従業員の創造性は作業手順の改善・工夫などに発揮される。これらの創造性の発揮の総合が利潤となる。……現代の企業経営は製品戦略を軸として行われる。……その製品戦略を支えるのは，財務，組織，経営関係などの経営要因である。製品戦略の中でも企業成長の原動力となるものは新製品開発である。新製品開発は人び

との能力を促し，この相関的なプロセスで人びとの創造性が発揮されるからである。この新製品開発を意思決定し，これを企業成長の原動力とするのは経営者である[6]」という。

清水は，組織メンバー全員の創造性が製品戦略のために供され新製品開発へと結実し，利潤を生み出すという全員がクリエイターとしての役割を果たしているという。そして，企業成長の原動力となるのが経営者であるとする。

企業経営を長期的にその利潤という視点からみた場合，経営者の創造性が，その中核を占めている。この経営者要因と経営成果の関係を表わしたのが，図表Ⅲ-4である。

図表Ⅲ-4のうち，①～④は以下のような内容をもつとされる[7]。

①経営者属性——年齢，専門分野，出身階層（創業者・二代目・生え抜き・天下りなど），社長の出身地位，在職期間など。

②経営者能力——経営者の機能はⓐ将来構想の構築，ⓑ戦略的意思決定，ⓒ執行管理に分けられる。ⓐの機能には野心・洞察力・直観などの経営者能力が必要とされる。ⓑの機能には対応力・決断力・他の役員にカシを作るクセ，説得力などの能力が必要とされる。ⓒの執行管理には，包容力，人間尊重の態度，計数感覚などの能力が必要とされる。また，3つの経営者能力に共通するのは，健康と情報収集能力であるという。

③戦略的意思決定——それは，次のような3つの段階を経てなされる。ⓐ

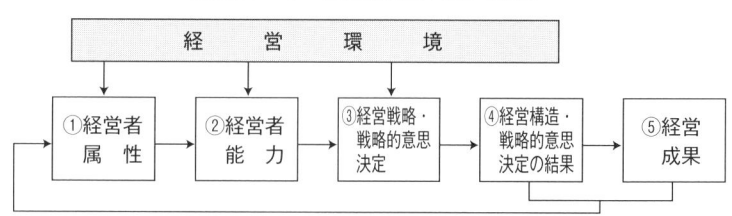

図表Ⅲ-4　経営者要因と経営成果

経　営　環　境

①経営者属性 → ②経営者能力 → ③経営戦略・戦略的意思決定 → ④経営構造・戦略的意思決定の結果 → ⑤経営成果

出所：清水龍瑩著『経営者能力論』千倉書房，1983年，5～6頁を参考に作成。

カシ・カリの論理の遂行：社長がまわりの役員に普段からカシをつくっておき，役員が絶えずカリを感じているような雰囲気をつくっておくこと，ⓑ根廻し：朝食会，昼食会や個別に，社長自らの考え方を役員に話しておくこと，ⓒ公式な機関での意思決定：事前に提示しておいた案件を一気に可決すること。

この戦略的意思決定は，ⓐ経営者の環境認識，自社の強みや弱みの認識と経営理念との整合性や経営者が信念をもっている企業経営の目的の考慮，ⓑ社長と役員の力関係を考慮した意思決定のパターン，役員の業務担当などを考慮しつつ，通常の経営を行っていく場合の，経営目標，さらに具体的な長期計画の考慮が必要である。

④経営構造──これは経営者の意思決定の結果できあがったもので，新製品比率，新鋭設備比率，品質管理施策などで構成される。

(3) 企業の経営力とトップの経営力

第Ⅳ章第3節第(2)項で扱う企業パーソナリティの中核を占めるのは精神センターである。この精神センターは信条と価値観，経営理念，将来ヴィジョン，イノベーショナル経営からなり，トップリーダーが，その中核的役割を担う。トップリーダーは，信念・信条と価値観にもとづいた経営理念に拘束されつつ，経営理念を現実のものとする役割を担っている。つまり，トップ・リーダーの主たる役割は，当該企業の将来ヴィジョンを描くこと，将来ヴィジョンを現実のものにするための経営戦略と戦略的経営を内包するイノベーショナル経営を実行することである。

最終目標または結果としての企業の存続と成長を支え，新時代の企業を創造する「経営力」のうち，中核を占め，将来的・戦略的にもっとも重要な地位を占めるのがトップの経営力である。トップには，潜在的エネルギー，とりわけ知的エネルギーを顕在化し，企業の将来ヴィジョンを構想し，その将来ヴィジョンを現実のものにするために経営資源（3M＋TICT）を最適配分し，ブレーク・スルー的な研究開発を支援し，技術力を向上させ，新製品や

新市場の開拓，新生産システムの開拓，多角化，さらに新規事業開発や組織構造改革，ネットワーキング戦略，創造力開発戦略，グローカライゼーション戦略などが考えられる。

　このような精神センターとしてのトップの経営力を中核とした，企業の経営力は，次のような項目からなる。

　(a)機能別能力
　①人材の採用・教育等の人事能力
　②資金の調達・運用能力等の財務能力
　(b)研究開発力──技術力
　①生産システム革新能力
　②新事業・新製品開発力──製品戦略と多角化戦略の展開力，キー・プロダクトの企画・開発能力と開発展開力
　(c)市場開発力──生産・マーケティング能力
　(d)企業グループ相互力
　(e)弾力的組織革新能力
　①企業間ネットワーク化
　②分社化・子会社化とネットワーク化
　③各レベルの権限委譲の促進
　④権限ラインの簡素化・短縮化
　⑤マトリックス組織の導入
　⑥企業内ベンチャーの導入
　⑦プロジェクト組織の活用
　⑧QCサークル等小集団活動の活用
　⑨ジョブ・ローテーションやOJTの活用
　(f)組織的協働能力──帰属意識・参加意識
　①日本的人事・労務制度（企業内組合・企業内福祉，年功序列賃金・昇進制，終身雇用制・退職金制など）
　②ボトムアップ型の意思決定

③QC サークル等の小集団活動
④参加諸制度（職務充実，自主管理，労使協議制など）
(g)情報ネットワーク能力——情報力
①情報収集力
②情報分析力
③情報創造力
④コミュニケーション能力
(h)国際的経営力
①輸出能力としての国際競争力
②海外で現地生産する場合の国際経営力

4 製品開発と多角化戦略

　本章では，これまで(1)経営資源戦略，(2)経営者の企業成長戦略について取り上げてきた。本節では(3)製品開発と多角化戦略について議論したい。

　前半は消費者側からみた動向を，後半では製造企業側からみた動向について取り上げたい。今日では，製品開発や多角化戦略を取り上げる前提になるのは，国内市場や消費構造の動向である。それとともに，製造企業では技術・研究開発戦略や投資戦略が重要なポイントになろう。

　そこで本節では(1)国内市場の縮小と消費構造，(2)国内レベルでの製品・市場戦略，(3)ダイナミック製品ポートフォリオと多角化戦略について取り上げる。

(1) 国内市場の縮小と消費構造

　モノへの欲求が減速する反面，消費者の関心はヒトとのコミュニケーションや生命，文化，自然環境などへと移行しつつある。他方，IT・ネットワーク産業，バイオテクノロジー（農産物の改良・増産，医療品，遺伝子組み替えなど）産業，新素材（形状記憶合金，ニューセラミックスなど）産

業，エコ（汚染水処理，燃料電池，太陽光発電など）産業，高齢化に伴った福祉・介護産業，医療・看護産業などへの期待も高まっている。

　このことは新製品・新事業・新技術・新市場の展開の可能性を増大させるとともに，中小企業，とりわけベンチャー企業などの小規模企業のビジネス・チャンスを拡大している。同時に，シーズにもとづく研究開発も，研究開発者や企業の責任として，環境汚染の恐れのない，安全・安心な技術やモノの開発が求められている。消費者も便利さや安さだけの物欲主義を捨て，多少不便でも，多少高価でも，安全・安心な消費に努める責任がある。

　これらの安全・安心な産業や経済をリードするのは，新世代の人びとである。技術移転なども，このような視点から見直されるべきである。同時に，われわれは，最悪の事態を想定し，コストの面からも，現在の，政治・経済・企業（生産・マーケティング），国民（消費）について，考え直すことが必要である。

　モノを中心としたスピードや生産性を求め続けてきた既存産業（鉄鋼，造船，鉄道，電器，電機，自動車，コンピュータなどのOA機器，NC工作機械）の成熟化によって，①国内経済の減速化，②将来への不安と重なった消費者の購買意欲の低下，③経済開放圧力による安価な輸入製品の増加や国際競争の激化，④既存の流通システムの破壊・価格破壊などが見られる。かくて，一方で，「国内経済や市場の縮小化」が進行しつつある。

　このように国内経済や市場が縮小する中で，コスト・価格競争が激しくなるにつれ，製品の低コスト化のための海外生産と輸入が急増している。

　このような消費者を取り巻く環境変化の中で，消費者自身の中にも価値観の変化が生じている。つまり，消費者自身，モノに付随した価値観から，ヒト・時間・生命・健康・安全・安心・文化・自然などの社会生活環境などに関心をもち，そこに価値観を見い出すようになってきた。

　このような国内市場の縮小と多様化・個性化によって製造企業の国内での製品・技術・市場開発戦略や市場浸透戦略も変化する。つまり，ますます，消費者志向・ニーズ志向の戦略へとシフトすることになる。もちろん製造企

図表Ⅲ-5　消費構造の二極化と関連要因

商品	価格	差別化	デザイン	エリア	生産システム	技術
高級品	高価格帯	ブランド商品　文化的商品	個性的	グローバル	多品種・少量生産	伝統的・現代的技術、とくに素材やデザインなどの未来的技術
こだわり商品		伝統的・文化的商品		地域・個別	少品種・少量生産／工房型生産	伝統的技術
		クライアント向け商品	個性的・非個性的			伝統的・現代的技術、とくに生産技術・コスト引き下げや生産性向上のための未来的技術
日用品	低価格帯	ノーブランド商品・非文化的商品	非個性的	グローバル	少品種・大量生産	

　業側のシーズ志向の技術・研究開発戦略が重要であるということはいうまでもない。なぜなら，技術・研究開発は新製品開発というカタチで消費者に還元されるからであり，生命や健康や安全・安心や自然環境の改善や保全なども技術や研究開発に左右されるからである。

　このようにモノ・レベルでの消費が成熟化するにつれ，消費者重視の傾向がますます強まりつつある。一方で，日用品や日常使用するモノについては，できる限り低価格で，他方，自分だけのこだわり商品や高級品・ブランド品，高級な音響機器，さらに手造りの民芸家具等も，地域性をもつ伝統的・文化的商品なども「こだわり商品」であり，少品種少量生産が基本である。近年では，ブランド商品なども，できれば，より低価格で購入したいという動きがみられる。

　この消費構造の動向をまとめると，図表Ⅲ-5のように分類できよう。

(2) 国内レベルでの製品・市場戦略

　経営戦略のうち，まず消費者に直結する製品・市場戦略に限ってみると，以下のように分類されよう。

図表Ⅲ－6　国内レベルでの経営戦略と関連諸要素

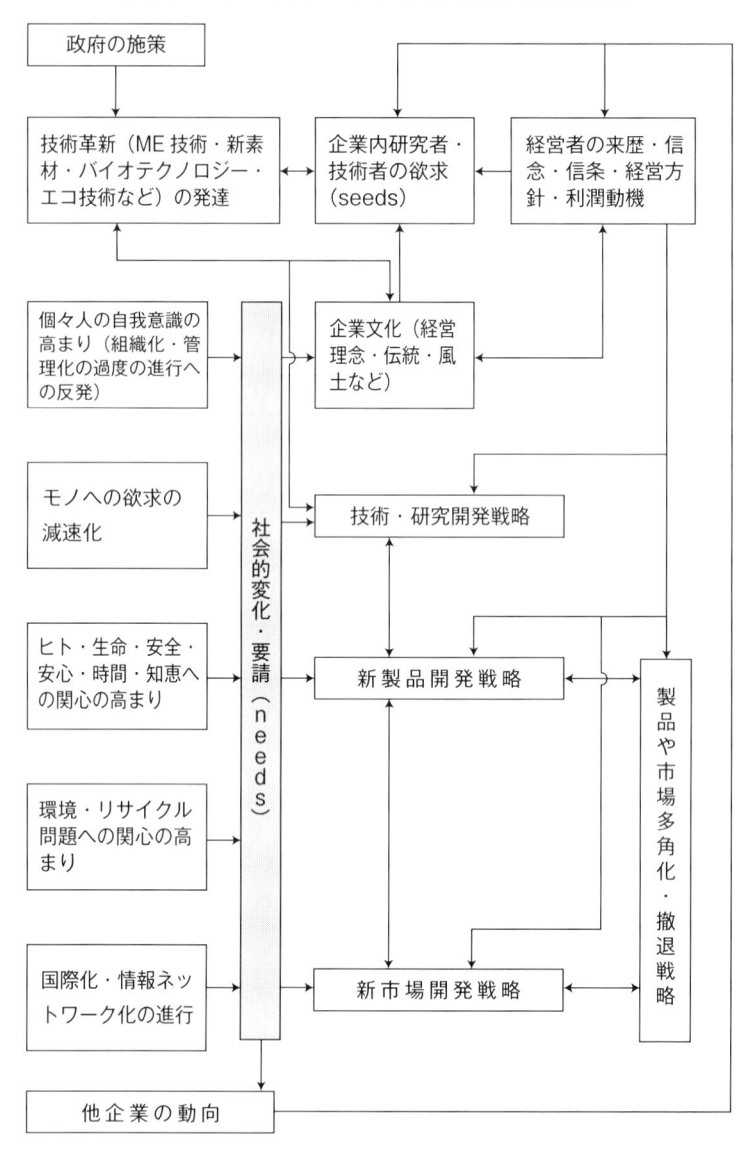

```
┌─────────────┐
│　政府の施策　│
└──────┬──────┘
       ↓
┌─────────────┐   ┌─────────────┐   ┌─────────────┐
│技術革新（ME技│   │企業内研究者・│   │経営者の来歴・│
│術・新素材・バ│←→│技術者の欲求　│   │信念・信条・経│
│イオテクノロジ│   │（seeds）　　│   │営方針・利潤動│
│ー・エコ技術な│   │　　　　　　　│   │機　　　　　　│
│ど）の発達　　│   └─────────────┘   └─────────────┘
└─────────────┘
       ↑
┌─────────────┐          ┌─────────────┐
│個々人の自我意│          │企業文化（経営│
│識の高まり（組│──→　　　│理念・伝統・風│
│織化・管理化の│          │土など）　　　│
│過度の進行への│          └─────────────┘
│反発）　　　　│
└─────────────┘

┌─────────────┐   社   ┌─────────────┐
│モノへの欲求の│   会    │技術・研究開発│
│減速化　　　　│──→変　│戦略　　　　　│
└─────────────┘   化    └─────────────┘
                   ・                          ┌──┐
┌─────────────┐   要    ┌─────────────┐     │製│
│ヒト・生命・安│   請    │新製品開発戦略│     │品│
│全・安心・時間│──→（　│　　　　　　　│←→　│や│
│・知恵への関心│   n     └─────────────┘     │市│
│の高まり　　　│   e                          │場│
└─────────────┘   e                          │多│
                   d                          │角│
┌─────────────┐   s                          │化│
│環境・リサイク│   ）                         │・│
│ル問題への関心│──→                          │撤│
│の高まり　　　│                              │退│
└─────────────┘                              │戦│
                       ┌─────────────┐       │略│
┌─────────────┐       │新市場開発戦略│←→   │　│
│国際化・情報ネ│──→   │　　　　　　　│       └──┘
│ットワーク化の│       └─────────────┘
│進行　　　　　│
└─────────────┘

┌─────────────┐
│他企業の動向　│
└─────────────┘
```

(a)製品戦略（product strategy）
①製品細分化（segmentation）・系列化戦略——性別・年齢別・地域別戦略
②製品差別化（differentation）戦略——ブランド戦略，デザイン戦略
③製品多角化（diversification）戦略——製品開発戦略
④製品構成（mix）戦略
(b)市場戦略（market strategy）
①市場拡大（enlargement）戦略
②市場細分化（segmentation）戦略
③市場浸透（penetration）戦略——価格引き下げ，広告宣伝，企業イメージアップなど
④市場開発（development）戦略

以上の製品・市場戦略が，経営戦略の基本型である。

　他方，消費者に対峙する製造企業からみた経営戦略とその背景について取り上げたい。製造企業にとってのコア・コンピタンス（当該企業独自の技術・能力）形成に関わる技術・研究開発戦略，さらに消費者を中心とした社会的要請，経営者・研究者や企業文化の要素などを加えて，国内レベルの製品・市場・研究開発に絞った経営戦略を体系づけると図表Ⅲ－6のようになろう。

(3) ダイナミック製品ポートフォリオと多角化戦略

　現在の企業の製品構成（プロダクト・ミックス）を分析することによって，資源の再配分や新製品開発が招来される。企業が安定的収益性を確保するには，常時，他社の新製品や新事業の分析，市場からの情報や，社会からの新製品に対する情報や，社会からの新製品に対するアイディア，自社の新製品開発の機会やビジネス・チャンスを分析することが必要である。

　現在の製品・事業分野を評価・見直し，さらに将来の製品・事業分野を選択し，それぞれの事業分野に資源を配分することは，トップが行う重要な経営戦略である。

現在の製品・事業分野の分類を時間の経過という要素とダイナミズムの要素を加えると図表Ⅲ－7のようになろう。
　①金のなる木——マーケット成長率が低く，相対的マーケット・シェアが高い。将来の研究開発投資の源。
　②負け犬——マーケット成長率が低く，相対的マーケット・シェアが低い。現在のオールド・ビジネス。撤退への圧力や内部コンフリクトが相当高い。
　③スター——マーケット成長率が高く，相対的マーケット・シェアが高い。マーケット・シェアを維持するには，マーケット成長率に見合った経済的投資が必要。
　④問題児——マーケット成長率が高く，相対的マーケット・シェアが低い。現在のビジネスで，将来性を秘めている。問題児の場合は市場に出遅れぎみで，マーケット成長率以上の資金面での負担が大きく撤退を余儀なくされる場合もある。しかし，問題児はスターになることへの圧力も相当高い

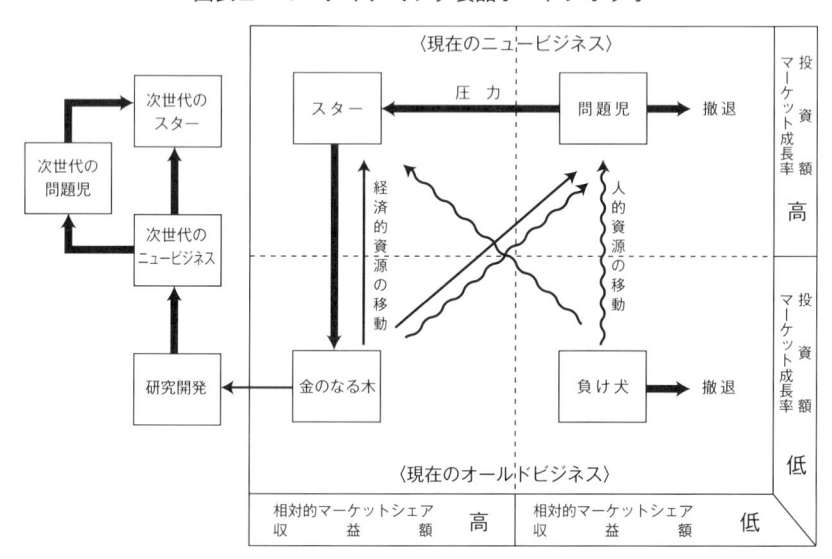

図表Ⅲ－7　ダイナミック製品ポートフォリオ

(自社のメンツをかけて…)。スターになることへの圧力が高まれば，それだけ問題児の撤退への圧力は減少する。

　トップ・レベルの経営戦略は，現在の各製品・事業分野を評価し，将来のためのより適正な資源投資および資源配分の実施によって，将来の適正なプロダクト・ミックスを達成することである。経営戦略の最終目標である「存続と成長」を達成するためには，継続的に利益を確保できるような金のなる木をつくりあげることである。

　次に，自社製品や事業の強さのレベルと当該産業の注目度・成長度との関連を分析することにしたい。その関係を表わしたのが図表Ⅲ－8である。

①成長対応投資——当該産業の成長につれて，現在の自社の製品や事業の強みを維持するために中額投資を行う。

②成長対応投資または維持投資——自社製品や事業は強いため，中位の成長度に対応し，極少額投資で十分である。

③維持投資——同じく自社製品や事業は強みをもち，産業の注目度や成長度も低いため，産業構造の転換などが起こらない限り，そこそこの少額投資で十分である。

④製品や事業強化投資または維持投資——自社の製品や事業は中位の強さ

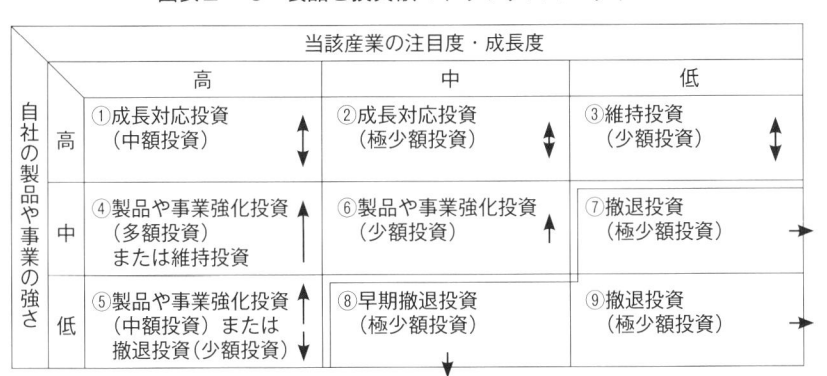

図表Ⅲ－8　製品と投資額マトリックスのベクトル

		当該産業の注目度・成長度		
		高	中	低
自社の製品や事業の強さ	高	①成長対応投資 （中額投資）	②成長対応投資 （極少額投資）	③維持投資 （少額投資）
	中	④製品や事業強化投資 （多額投資） または維持投資	⑥製品や事業強化投資 （少額投資）	⑦撤退投資 （極少額投資）
	低	⑤製品や事業強化投資 （中額投資）または 撤退投資（少額投資）	⑧早期撤退投資 （極少額投資）	⑨撤退投資 （極少額投資）

注：ベクトルの長さは投資額の大きさを表わす。矢印の方向は目指す方向を示している。矢印が双方向に向いている場合は，その枠内に留まることを意味する。

であるが，当該産業の注目度や成長度が高く，自社にとっては出遅れぎみであるため，一気に製品開発や事業開発のために多額投資をすることが必要である。

⑤製品や事業強化投資または撤退投資——当該産業の注目度や成長度に比して出遅れぎみであるために中額投資を進めるか，撤退を目指すか，両方の道を考える必要がある。

⑥製品や事業強化投資——当該産業の注目度や成長度も自社の製品や事業の強さも中位であるため，製品や事業の強化のために少額投資が当面の課題である。

⑦撤退投資——自社の製品や事業の強みは中位であるが，当該産業の注目度や成長度が低いため，極少額投資による利益回収を目指す。

⑧早期撤退投資——自社製品や事業レベルも，これまでの投資額が低いため，さらに当該産業の注目度や成長度も中位であるので，他の製品や事業に投資するために，できるだけ少額の投資によって早期に撤退する方が特策である。

⑨撤退投資——当該産業の注目度や成長度も低く，自社の事業や製品に対するこれまでの投資も少ないため，損害も少ないが，できるだけ少ない額で撤退した方が特策である。

以上のような各製品・事業の位置づけや現状認識にもとづいて，さらに市場と技術の2つのベクトルによって，現事業の深耕や多角化が志向される。それは**図表Ⅲ－9**のように表わすことができる。

以下，**図表Ⅲ－9**の各セルについて取り上げる[8]。

(a1) 現事業深耕——成長時の足場固め，製品・市場品揃え，最大可能な垂直統合（原材料生産から製品販売までのプロセス統合），経営資源の蓄積，多角化への人的資源・技術・マーケティングの潜在能力のストック。

(a2) 現市場関連技術多角化——現市場成長時の自主技術展開，主力顧客の確保，顧客・チャネルのニーズ先取り，新製品積極提案，リスクの小さい技術者リード型の多角化。

図表Ⅲ-9 現事業の深耕と多角化マトリックス

	現技術 →	関連技術 →	新技術
現市場 ↓	a1 現事業深耕	a2 現市場関連技術多角化 (技術者リード型)	a3 現市場新技術多角化 (技術者トップリード型)
関連市場 ↓	b1 現技術関連市場多角化 (営業マンリード型)	b2 関連市場関連技術多角化 (トップ・マネジメント・リード型)	b3 関連市場新技術多角化 (技術者トップとトップ・マネジメント・リード型)
新市場	c1 現技術新市場多角化 (営業トップリード型)	c2 関連技術新市場多角化 (外部市場資源活用型)	c3 コングロマリット的(異分野への)多角化(外部資源活用型,トップ・マネジメント・リード型)

　(a3) 現市場新技術多角化——現市場最成長分野や主力顧客の成長に符合した多角化，チャネルの強みの活用，外部からの新技術の取得，技術リスク評価がポイント，技術トップのヴィジョンとの整合性のチェック。

　(b1) 現技術関連市場多角化——現在の主力製品から関連市場への展開，新しいチャネル・マーケティング能力の充実強化，新しいマーケティング能力を身につけるチャンス，営業マンリード型，現市場成熟期での展開。

　(b2) 関連市場関連技術多角化——関連市場・関連技術分野での最成長市場の多角化，ユニークな技術・マーケティング・資源の活用，社内の資源配分の見直し，トップのヴィジョンとの整合性のチェック。

　(b3) 関連市場新技術多角化——関連市場でのチャネルの強みの活用，外部技術資源とチャネルの形成がポイント，技術トップとトップ・マネジメント中心。技術面での参入障壁の克服が課題。

　(c1) 現技術新市場多角化——製品技術・生産技術・材料技術の強みの活用。これらの要素技術でユニークなものを戦略技術として展開，シーズとニーズのドッキング，マーケティング能力の弱みの克服，販売提携，営業

トップのヴィジョンとの整合性のチェック。

(c2) 関連技術新市場多角化——関連技術のピックアップ，技術移転関連分野の探索，市場面での外部資源の導入が必要，チャネル面での参入障壁の克服。

(c3) コングロマリット的（異分野への）多角化——最成長市場をねらう弱みの克服がポイント，合併（merger）や買収（acquisition）や企業提携などによる外部資源の活用，トップ・マネジメントの将来ヴィジョンとの整合性のチェック，もっとも派手でリスクも大，企画探索は発散思考で実施は慎重に，外部専門家活用への期待。

このようなさまざまなレベルでの多角化は，単に内部資源を活用するだけでなく，企業の外部資源を囲い込み，有効活用することも視野に入れておかねばならない。国民の価値観が変わるほどの生態的な変化の中にあっては，外部資源を短時間で取り込み有効活用することも不可避である。また，市場が成長しつつある場合と，右肩下がりの市場成長の場合とを想定して，あらゆる状況に対応した，多角化や撤退，製品や市場開発などの方法とタイミングを吟味しておくことが必要である。

注
1) P. F. Drucker, *Innovation and Entrepreneurship: Practice and Principle*, Haper & Row, Publishers, 1985, pp. 130-132（P. F. ドラッカー著，小林宏治監訳，上田惇生・佐々木実智男訳『イノベーションと企業家精神—実践と原理—』ダイヤモンド社，1985，223-228頁）。
2) P. F. Drucker, Ibid., pp. 209-249, 同上，353-419頁をもとに加筆修正。
3) "Just in time"とは，必要な時に，必要な所に，必要なものを必要なだけ提供するという考え方である。トヨタ生産システムの「かんばん方式」がその原型。
4) CI（corporate identity）とは企業独自の個性を意味する。それは経営理念であったり，組織文化であったり，製品であったり，市場であったりする。経済が低迷したり，所属している産業が成熟化している場合などは，生き残り戦略の主要な課題となる。
5) C. I. Barnard, *Organization and Management*, Harvard University Press, 1948, p. 93.

6）清水龍瑩著『経営者能力論』千倉書房，1983 年，1 頁。
7）同上，6-7 頁。
8）近藤修司著『「技術マトリックス」による新製品・新事業探索法』日本能率協会，1981 年，90 頁を参考に，一部加筆修正。垂直的多角化とは既存の製品・市場分野を中心にして，異なる生産段階および流通段階への多角化である。これに対し，水平的多角化とは既存の製品・市場分野と共通性の高い製品・市場分野における多角化をいう。

第Ⅳ章

制度改革論と「戦略的経営」

　会社の社長をはじめとする企業のトップ・マネジメントは，一方で，（狭義の）企業進化を牽引する人間主義・市民主義・環境主義[1]にもとづいて経営することが期待されている。他方，企業進歩を牽引するイノベーショナル経営である経営戦略と戦略的経営の実行が求められている。経営戦略は，経営者のルーチンワークであり，戦略的経営は企業家のルーチンワークである。現代の経営者は戦略的経営を実行することが期待されている。なぜなら，今日のわが国企業社会は，人びとの価値観に影響を及ぼすような根幹的見直し，組織構造改革が求められているからである。

　本章では「戦略的経営」の基本的課題について議論し，第Ⅴ章では，戦略的経営の内容について，代表的なものを取り上げ，本書の結論としたい。本章では代表的かつ具体的かつ実践的な戦略的経営の内容の基本的な概念について取り上げたい。

　本章は，1 制度改革的私企業の戦略的経営とそのイノベーション，2 現代ネットワーク社会と制度改革的私企業の戦略的経営，3 企業ダイナミズムと企業経営の活性化について取り上げる。

1　制度改革的私企業の戦略的経営とそのイノベーション

　企業のイノベーションは①変化への対応型イノベーションと，②変化創造型イノベーションとに分類される。前者は経営者的イノベーションであり，後者は発見的知識，アイディア，さらに将来ヴィジョンにもとづくイノベーションであり，「企業家的イノベーション」と呼ぶ。後者は構造改革を伴う戦略的経営である。

　この第1節では，次のような課題を取り上げたい。(1)制度改革的私企業の戦略的経営，(2)企業家的イノベーションのプロセス，(3)イノベーション生成戦略と企業家的戦略について論じることにしたい。

(1) 制度改革的私企業の戦略的経営

　専門経営者に主導される制度的私企業は人間主義と市民主義が，企業家的経営者に主導される制度改革的私企業は人間主義と市民主義だけでなく，さらに環境主義にもとづく企業経営が期待されてきた。このような人間主義・市民主義・環境主義に基づく企業経営をなすことによって「(狭義の) 企業進化」というメルクマールを達成することができる。

　さらに，現代企業の基礎をなす制度的私企業は経営戦略を，現代企業の発展形態としての制度改革的私企業は戦略的経営を遂行することによって，「企業進歩」というメルクマールを達成することができる。先の「(狭義の) 企業進化」と，ここでいう「企業進歩」を達成することで，より大きなメルクマールである「(広義の) 企業進化」を達成することが可能となる。

　このような「企業進歩」を達成するために，以下において，制度改革的私企業における戦略的経営の特徴について取り上げることにしたい。

　(a)戦略的行動（strategic behavior）

　①目標は効率（efficiency）から効果（effectiveness）追求。

　②企業レベルの戦略は拡大戦略から分散・ネットワーク化戦略を志向。

　③資金や技術などの内部蓄積による戦略から，機動性を重視した，拡大を

意図しない合併と買収（M＆A），さらに提携や共同出資による子会社設立など，外部資源活用戦略の展開。
④本業中心の戦略から，本業の転換や新規事業開発戦略，ネットワーク開発戦略，企業文化のイノベーションと創造戦略，ローカライゼーション戦略などが中心。
⑤技術・研究開発重視の知的生産企業への脱皮を意図した戦略。

(b)組織（organization）
①階層的組織形態から分権的・民主的組織形態の導入により，より小さな本社制度の採用。
②さらにドラスチックに，企業の分社化をはかり，円環型や増殖型などのネットワークに移行。
③柔軟で自由闊達な組織への移行。

(c)制度・慣行（institution and custom）
①地域住民・歴史・文化を重視するグローカルな発想。
②企業内組合は，組織メンバーの凝集能力を高め，他社への移動率を低下させることから，自社の組合員を経営者のパートナーとして認識し，存在価値の再確認をすること。
③企業内組合に裏打ちされている企業内教育は一部では維持されるが，若年層を中心とした労働市場の流動化によって，企業内教育（on-the-job training, job rotation etc.）の比率は低下し，その分，専門職化した労働者雇用の比率の増加。労働者自らが，自分は何が専門領域であるかを決定し，その専門領域を自らが深化させる努力が要求される。
④年功制は，ゆるやかな年功制＋能力主義（成果主義）に移行。
⑤終身雇用制から，人員削減や早期退職制度などの導入によって，原則的長期雇用制に移行。
⑥TQC（total quality control）やQCサークルは参加意欲さらに労働意欲を高めるものであり，愛社精神の水準を表わすバロメーターである。また労働者自身や自らの職場を見直す機会でもある。経営者も，このよ

うな改善活動を積極的に支援し，労働者に運営を任せる方向に移行すべきである。

(d) 人的資源（human resources）
① 同質的人材から，多様で，異質的な専門的人材需要の高まり。
② 横並びの集団主義よりも個人主義的集団傾向の高まり。しかし，集団的な仕事の場合には，皆で生産，皆で改善，皆で成果分配といった集団的な考え方を否定するものではない。
③ 企業人間から家庭人間へ，その一部はさらに「核」人間（自分の殻に閉じこもった社会性の少ない人間）へ。
④ 人的資源の主体や創造性の重視。

(e) 行動様式（behavior style）
① ものまね的イノベーションから独創的・企業家的イノベーションへ。

(2) 企業家的イノベーションのプロセスと生成戦略

　企業家的イノベーションは企業家（entrepreneur）によって主導される。この企業家とは，単なる資本家や投資家や雇用主ではなく，何か新しいものを創造する者である。企業家は変革をもたらし，価値を創造する者で，つまり変化を健全かつ当然のこととし，変化を探求し，変化に対応し，変化を機会として利用する者である[2]。

　このような変化の探求は，一方で，意識的かつ組織的に行うとともに，他方で，イノベーションの機会を体系的に分析することを要求する。変化は，まさに，新たに異質なものを生み出す機会なのである。企業家は，目的意識を明確にもち，つねに変化に目を向け，体系的にイノベーションの機会を分析することが要求される。そして，イノベーションを成功に導くには，社会的に受容されること，および優秀な人的資源や経営力の稀少性ゆえに，焦点を絞り少しずつ着実に実行することが要求される。

　このような企業家によって主導されるイノベーションは，既存の人材や組織・制度の革新および企業家精神（entrepreneurship）の発揮によって，一

方で組織を活性化し,活力を高め,他方で技術革新を促進させるとともに,これらの相互作用によって,企業全体が新しい断絶の時代に対応したイノベーショナルなものへと脱皮していくことになる。

さまざまなものが,量的ではなく,質的に変化しつつある現代は,まさにイノベーションの時代である。わが国では,模倣的なものや改良型のものよりも,むしろブレークスルー的で独創的なイノベーションが要求される。つまり,独自で応用範囲の広い研究開発や独創的な製品開発などが希求されている。そこには企業家精神をもつ企業家への期待が込められている。企業家自体は,信念・信条,価値観,経営理念,将来ヴィジョンなどをもつとともに,リスク負担の受容をすることが不可避である。

現代のような生態学的な価値観を伴う根本的な変革の時代にあっては企業家の役割は,計り知れない。このような時代にあっては,トップの強力なリーダーシップが求められると同時に,ボトムからのさまざまな改善・改良,さらにイノベーションに対するアイディアを吸収することが要求される。企業家として経営者には,企業の構造改革を志向し,企業文化の革新と創造を行い,ネットワーク化を促進し,新事業の開発を推進したりすることが必要だといわれている。これらの企業家的イノベーションである戦略的経営は,やがて経営者的イノベーションである経営戦略,つまり経営資源の調達や運用,さらに新製品や新市場を生み出し,企業成長を目標とし,多角化を進めることになる。

これらの企業家的・経営者的役割を推進する力となるのがリーダーシップである。奥村昭博によれば,次のようなリーダーシップが求められるという[3]。

① 「創業リーダーシップ」(foundation leadership)・「起業家リーダーシップ」(inaugurator leadership)。

② 「制度革新リーダーシップ」(institutional innovation leadership)――新しい組織・システム・ネットワークや戦略的経営を導入すること。

③ 「文化イノベーション・リーダーシップ」(cultural innovation leadership）——組織メンバーの共有する経営理念・価値に対し挑戦すること，組織風土のイノベーションの推進。

　④「新企業家リーダーシップ」（neoentreupreneur leadership）——成熟した大規模組織のイノベーションや新事業の創造の推進。

　4つ目の新企業家による企業イノベーション（組織イノベーションや新事業の創造）のプロセス・マネジメントには，**図表Ⅳ－1**のようになろう。

　生態上の環境変化は，住み分け共存していた社会的組織やシステム間の関係が破壊され，それらの相互関係にアンバランスが生じることである。その結果，トップの価値前提が影響を受け，意図的・主体的に既存のシステムを破壊する行動に出る。発散思考にもとづいて，将来のバリエーションを増幅させる。その中で，収束思考にもとづいて，イノベーションの方向性を定め，戦略領域を画定する。

　このようなプロセスの中で，バリエーションの増幅段階においては，とりわけ人間間やグループ間の異種交流が不可欠である。「あいまい性」や「不確実性」が増幅した状況においては，発散思考にもとづき，あらゆる角度からの考察が必要となる。このような状況を収束させるには，人間間やグループ間の異種交流によって，組織活力を高め，創造力を増大させることが必要である。これによって，多様で，変化率の高い，個性化の時代にふさわしい戦略やシステムが形成されることになる。同時に，下位レベルのさまざまなアイディアの創出が期待できることから，下位における人間間やグループ間の異種交流も促進させる必要がある。

(3) イノベーションと企業家的戦略

　現代的経営者としての企業家は，組織構造改革を伴う，戦略的経営を主導する。戦略的経営の具体的な内容については第Ⅴ章で扱う。これまでは，戦略的経営の中でも，新事業開発・創造を中心にしてきた。この新事業の展開に関する企業家的戦略には，次の4つの戦略が考えられよう[4]。

　①新分野への一点集中戦略

図表Ⅳ-1　新企業家による企業イノベーションのプロセス・マネジメント

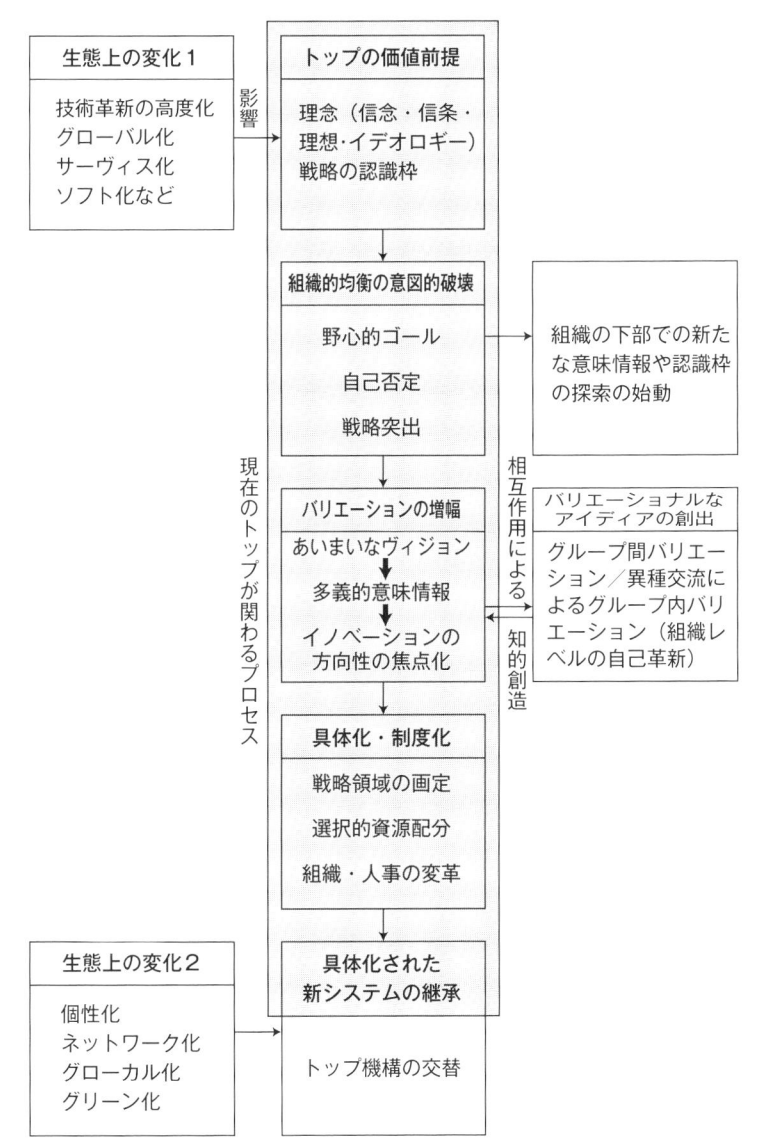

```
┌─────────────────┐          ┌─────────────────────┐
│ 生態上の変化1    │          │ トップの価値前提     │
│                 │   影響    │                     │
│ 技術革新の高度化 │ ────────→│ 理念（信念・信条・  │
│ グローバル化     │          │ 理想・イデオロギー） │
│ サーヴィス化     │          │ 戦略の認識枠         │
│ ソフト化など     │          │                     │
└─────────────────┘          └──────────┬──────────┘
                                        ↓
                             ┌─────────────────────┐      ┌─────────────────┐
                             │ 組織的均衡の意図的破壊│      │ 組織の下部での新た│
                             │                     │─────→│ な意味情報や認識枠│
                             │   野心的ゴール       │      │ の探索の始動     │
                             │   自己否定          │      │                 │
                             │   戦略突出          │      └─────────────────┘
                             └──────────┬──────────┘
   現                                   ↓                    相      バリエーショナルな
   在                          ┌─────────────────────┐      互      アイディアの創出
   の                          │ バリエーションの増幅  │      作   ┌─────────────────┐
   ト                          │                     │      用   │ グループ間バリエー│
   ッ                          │ あいまいなヴィジョン │ ←───→ に   │ ション／異種交流に│
   プ                          │ 多義的意味情報       │      よ   │ よるグループ内バリ│
   が                          │ イノベーションの    │      る   │ エーション（組織レ│
   関                          │ 方向性の焦点化       │      知   │ ベルの自己革新） │
   わ                          └──────────┬──────────┘      的   └─────────────────┘
   る                                     ↓                 創
   プ                          ┌─────────────────────┐      造
   ロ                          │ 具体化・制度化       │
   セ                          │                     │
   ス                          │ 戦略領域の画定       │
                               │ 選択的資源配分       │
                               │ 組織・人事の変革     │
                               └──────────┬──────────┘
   ┌─────────────────┐                    ↓
   │ 生態上の変化2    │          ┌─────────────────────┐
   │                 │          │ 具体化された         │
   │ 個性化           │ ────────→│ 新システムの継承     │
   │ ネットワーク化   │          │                     │
   │ グローカル化     │          │ トップ機構の交替     │
   │ グリーン化       │          │                     │
   └─────────────────┘          └─────────────────────┘
```

出所：奥村昭博著『企業イノベーションへの挑戦―新企業家精神の創生』日本経済新聞社，1986 年，233 頁の図 6.2 および 232-247 頁を参考に作成。生態上の変化 2 については全て入れ替えた。

②企業家的柔軟思考にもとづく，手薄なところへの一点集中戦略
③競争回避志向の重点占拠戦略
　　⎧ニッチ（すきま）戦略
　　⎨専門技術戦略
　　⎩専門市場戦略
④製品や市場の性格を変える顧客創造戦略

　これらの企業家的な変化創造型のイノベーションである戦略的経営の個々の分類については，第Ⅲ章第1節（2）制度的私企業における経営戦略，とりわけⅢ変化の創造型イノベーション＝戦略的経営の箇所を参照されたい。

2　現代ネットワーク社会と制度改革的私企業の戦略的経営

　今日の生態学的変化，すなわち現代社会の根源的変化は，①個性化，②ネットワーク化，③グローカル（グローバル＋ローカル）化，④グリーン（エコ）化などが考えられる。これらの変化は，人びとの価値観や生活の仕方などにも影響を与えるものである。

　換言すれば，現代社会は，さまざまなダイナミックかつ構造改革的な環境変化の真只中にある。分衆化・個別化（個性化）が進み，市場も縮小化・細分化し，それに合わせて企業も規模拡大を伴う多角化から，分社化へと歩を進めている。細分化・多様化・個別化することは，それぞれのユニットが自立化・自律化することとなり，そのような状況から不安を抱くようになり，その結果，自らの力保持のために独創性を高めようとすると同時に，仲間を求めるようになる。このような心理的行動は，人間の場合は仲間づくり，動物の場合は群れをつくることになる。

　そこで本節では，次の3つの課題を取り上げ議論することにしたい。（1）現代ネットワーク社会の特質，（2）制度改革的私企業への脱皮，および（3）制度改革的私企業の戦略的経営の課題について取り上げる。

(1) 現代ネットワーク社会の特質

　現代社会では，戦後の企業を中心とした組織化・管理化とは異なり，自立化・自律化・独創化した個人（ユニット）が，主体的に社会的システムを形成しつつある状況を垣間見ることができる。このような動きを一層促進させているのが，エレクトロニック・コミュニケーション手段の普及である。このような状況を端的に表わしているのが「ネットワーク社会」である。このネットワーク社会は，次のような特質を有する。

　①このネットワーク社会では，個々人の能力を発揮するチャンスが増える反面，能力主義・成果主義にもとづく競争社会となることから，比較的短期間で成果があがらない個人や企業などは自然淘汰される。このことは能力をもつものと，もたざるものとの社会的不平等や格差を生み出し，社会問題化する可能性が高い。

　②現代は，ネットワーク，バイオテクノロジー，高齢化の進展による福祉・介護・医療，環境改善などに関する新しい事業や産業が求められていることと相まって，既存の諸組織・システム・制度から独立した諸個人・小規模企業・ベンチャー企業などのビジネス・チャンスが拡大する。

　③既存事業や産業に関わる市場の縮小化・分化傾向の中で，既存の企業や組織間での相互依存性が増大しつつある。このことはネットワーク社会を促進させる要因となる。つまり提携やグループ化を促進させると同時に，さらに買収や合併を促進させることになる。

　このようなネットワーク化は，ダイナミックかつ根源的に変化する環境への対応の手段であり，ネットワークを形成する各ユニットの活力を高めていくことにもなる。今日のような激変する社会にあっては，企業経営も限られたものとならざるをえない[5]。

　①短期間でより激しく広がり，また複雑化しており，予測できる範囲も縮小化していることから「動態的均衡」（dynamic equilibrium）を追求せざるをえないこと。

　②一層の変化率の増大，より多くの変化への遭遇，変化のより一層の短期

化によって,問題解法はより短期間においてのみ有効とならざるをえないこと。

したがって経営者は,一方で,短期間で経営戦略を決定していくことが要求される。他方で,企業家的経営者には,日常的に,自社の将来ヴィジョンを描き出し,発信することが要求される。企業家的経営者は,常に,何がしたいのか,何をすべきなのか,どうすべきなのかを自問し続けることが必要である。

(2) 制度改革的私企業への脱皮

制度的私企業は,制度としての企業を維持することに集中し,内外のバランス志向の経営戦略である経営資源戦略,企業成長戦略,および製品開発と多角化戦略などを実行すればよかった。これらの戦略は,制度内改革を志向する。しかし,現代企業社会を取り巻く環境は,組織改革を伴う戦略的経営を要求する。したがって,企業自体,制度改革的私企業に転換することによって,環境変化に対応しようとするのである。

企業家的戦略的経営は,次のような課題を遂行することが期待される[6]。

①人間中心型企業への脱皮——人的資源の主体や創造性の重視,民主主義や仕事ロイヤリティの促進。

②機会活用型企業への脱皮——行動様式,戦略的行動,制約を成長の機会と捉え,社員や市場の自己実現欲求に答え,柔軟で自由闊達な企業への脱皮。

③知的生産企業への脱皮——知的集約型企業,ナレッジ・マネジメント,労働者のより高度な専門家への脱皮の推進。

④ネットワーク企業への脱皮——組織改革,情報化,ネットワーク化,グローカル化,分権型さらに分散型円環状ネットワーク経営の促進。

⑤グローカル企業(土着型地球企業)への脱皮——日本の文化,日本的労務制度・慣例,グローカル化,地域の住民・文化の重視。

(3) 制度改革的私企業の戦略的経営の課題

　戦略的経営を行う，制度改革的私企業は信念・信条，倫理・道徳にもとづく経営理念（社是・社訓），その経営理念に相応（ふさわ）しい自社に対する将来ヴィジョンを描き，それを鑑みつつ，常にイノベーション（経営戦略，とくに戦略的経営）を目標とし，常時企業の枠組みやプロダクト・ミックスなど基本的かつ全体にわたるシステムを見直しつつ，構造改革的イノベーションを実行していくことが期待される。制度改革的私企業の戦略的経営は，次のような内容が含まれよう。

　①自社のスタンスや経営指標の再構築。経営理念の再構築，独創的自主技術開発にもとづく独自性の強い製品開発，自社の伝統・文化・主張が込められている製品開発，新規事業開発比率やグローカル化率などの戦略的経営指標への転換。

　②オープンで民主的な企業内文化（経営理念，伝統，慣習，社風，組織風土，ロゴ・マーク，シンボル・カラーなど）の再構築。

　③自社の経営力の分析（強みと弱み）とバランスのとれた経営力の向上。

　④フレキシブルな組織構造（柔構造）やネットワーク型組織構造への転換。

　⑤明日の新規事業分野の展開に際して，研究開発などで，現在，先手を打つこと。

　⑥明日の新規事業分野のための人的資源を今，開発すること。

　⑦新事業および新製品の絞り込みとナンバーワンを目指すこと。

　⑧その他，組織構造や組織の根幹に関わること。

3　企業ダイナミズムと企業経営の活性化

　「企業ダイナミズム」は企業自体生命体であり，環境変化に対応しつつ，また環境や環境変化を自らつくり出し，目標として，あるいは結果として，生命維持をはかろうという考え方である。したがって企業ダイナミズムは，

変化対応型と変化創造型のダイナミズムに分類できる。

「制度維持論」では変化対応型ダイナミズムにもとづき，その時々の環境変化に対応し，経営戦略，つまり企業維持拡大（存続と成長）を目標とし，経営資源，企業成長戦略，製品開発戦略や多角化を志向し，実行する。他方，「制度改革論」では変化創造型のダイナミズムにもとづき，企業自らを根本から見直し，環境変化を自らつくり出し，戦略的経営を志向し，実行する。戦略的経営としては，新規事業開発戦略，ネットワーク開発戦略，企業文化のイノベーションと創造戦略，グローカライゼーション戦略を主たる戦略と考える。

このような生命体としての企業は環境変化に対応したり，環境変化を自らつくり出す能力としての生命力（vitality），つまり経営力を高めることが要求される。

そこで本節では，(1)企業ダイナミズムと経営活力，(2)企業パーソナリティと精神センター，(3)企業経営の活性化とその実践について取り上げることとしたい。

(1) 企業ダイナミズムと経営活力

企業や企業活動を環境変化に適応させるだけでなく，構造改革を意図した変化を創造し，将来にわたって経営存在の維持と発展をはかる原資は，企業に内在する経営力である。山本安次郎によれば，「……経営力は経営ないし経営存在の諸機能・諸構造・諸過程を通じて作用し，目的を実現し，成果を結実する経営総合の能力……」[7]であるという。かくて経営力は，基本的には，組織力を通じて，それを中核とし，技術力，生産力，マーケティング力，財務力，情報力などを，組織能力を通じて経営者が主体的に統一・調整したものである。

このような「経営力に刺激を与え，経営力を強化し活性化する原動力となるものが経営活力。……経営力を高揚し，発揮させる原動力が経営活力……」[8]である。そこで経営活力のレベルが経営力を規定し，経営成果を規

定する。

　このような経営活力のレベルをあげるには組織を活性化させ，ダイナミック性を高めなければならない。

　このように企業のダイナミック性を高めなければならないが，その阻害要因は，大きく2つに分けられる。

　①内なる阻害要因——ワンマン経営，集権的組織，将来ヴィジョンのない経営，過度の組織化・管理化，人事の硬直化，セクショナリズムなど。

　②外なる阻害要因——将来ヴィジョンのない経済・産業政策，地域経済を無視した経済政策の画一化，政府による企業や産業の過度の規制強化，過度の法人税，経済団体のリーダーシップの欠如など。

　企業家たるトップ・リーダーは，自らの特性や自らの行動パターンによって，このような規制を打破し，企業ダイナミックス（活動力）を生み出すだろうし，さらに当該企業に新しい展望を開くだろう。彼らは人並では満足しないし，野心的な目標（ambitious goals）や将来ヴィジョンを掲げるダイナミック・カンパニーへと導くだろう。

(2) 企業パーソナリティと精神センター

　成功を収めている企業は，組織に内在する潜在エネルギーを引き出し，顕在化し，それを目標達成に向けて一点集中させる。あるいは，現代のようなネットワークの時代では，合併，買収，提携などによって，外部のエネルギーを有効に活用する。それらのエネルギーは，創造性の基盤をなすとともに，イノベーションを促進させる源である。

　企業は，そのパーソナリティの構成要素である価値観・組織・人的資源・システム・ネットワーク・技術・技能・機械・素材・資金などが秘めているエネルギーや潜在能力を解放し，活用することによって，自らのイノベーション能力を高めることができる。

　企業の創造性・業績の達成・持続的成功を収めるには，解放し，動員し，活用し，コントロールして生産的な仕事にふり向けるための，次のような3

つのエネルギーが必要とされる[9]。

①「肉体的エネルギー」

②人びとを刺激し，動機づけ，何ごとかに熱中させる「心理的エネルギー」

③私たちの思考を活気づけ鼓舞する「知的エネルギー」――新しいモノを創造するエネルギーであり，その導入によって企業の潜在能力を増大させる中核。

以下において，企業パーソナリティの構成要素について取り上げる。

(a)精神センター

企業パーソナリティの核心は精神センターであり，「経営者の信念，信条や価値観，経営理念，将来ヴィジョン，イノベーショナル経営」によって構成される。基本的方向づけは，まず理念から生ずる。理念は人を鼓舞する。理念にはエネルギーを解放して創造的な方向に向けるパワーがある。

「経営理念」は社是や社訓，社歌，社旗など（観念文化や視聴覚文化など）によって具体的に提示される。また経営戦略の策定や戦略的経営，つまりイノベーショナル経営の方向を規定する。つまり経営理念は，企業全体の「価値」を方向づけ規制するものである。

ここでいう企業全体の価値は，次の分野からなる[10]。

①組織的価値――規律，自由，創造性，熱意，基準，システムやネットワーク，調整，統合と分散，フラットなコミュニケーション，協調（チームワーク）など。

②心理的価値――個人の尊重，独創性，調和（家庭的感情），決断力，誠実さ，信頼・忠誠，献身，個人の成長，顧客や株主の満足，社会への奉仕など。

③物理的価値――清潔，整理・整頓，時間厳守，規律正しさ，資金の活用，機械設備の効率化，良質な製品・サーヴィス・仕事，時間の有効活用，スペースの最適利用，安全性など。

また，この精神センターは，次のような2つの機能からなる[11]。

①当該組織の基本的な性格と志向の確立——企業全体の価値の実現を目指し、経営者の信念・信条と価値観、経営理念、将来ヴィジョン、イノベーショナル経営、組織構造(階層序列や権限)の在り方、基準と規制、システムやネットワークの方向付け、技能の在り方などで構成、人間の自律神経系(植物性神経系)に相当。

②特定の意思にもとづく行動決定——計画の実現を目指し、目標、計画、実施プログラムなどで構成、人間の随意神経系に相当。

(b)企業の性格

企業の性格とは、企業のすべての資源を結集し、動員し、方向づけて精神センターの価値観、経営理念、将来ヴィジョン、イノベーショナル経営を達成する機能をもち、理念と行動との連結環をなす。企業の性格は、階層序列を確立し、権限を行使して、仕事を遂行する[12]。

(c)システム

システムは、経営システム、人事システム、マーケティング・システム、研究開発システム、財務システム、生産システム、コミュニケーション・システムなどからなる。

(d) 技能

技能は、それを通じて、企業がそのパーソナリティを実現する道具(tool)である。技能は管理技能(組織の目的達成のために組織の各資源のすべてを結合し、調整し、統合して活用する能力)、組織(人、アイディア、時間、エネルギー、金、モノなど多くの個別資源で構成。規律性、定時制、技能的ノウ・ハウ、社会的バランス、コミュニケーション能力、組織化能力を内包)的技能、技術的技能、肉体的技能、社会的技能(対人関係技能)、心理的技能からなる[13]。

(e)企業体

企業体は、製品、金、モノ、施設、機械設備、技術などからなる。

このうち技術は、将来の新製品や新市場を創出する源泉であり、企業存続や成長の中核的な要素である。

図表Ⅳ-2 企業パーソナリティとその構成

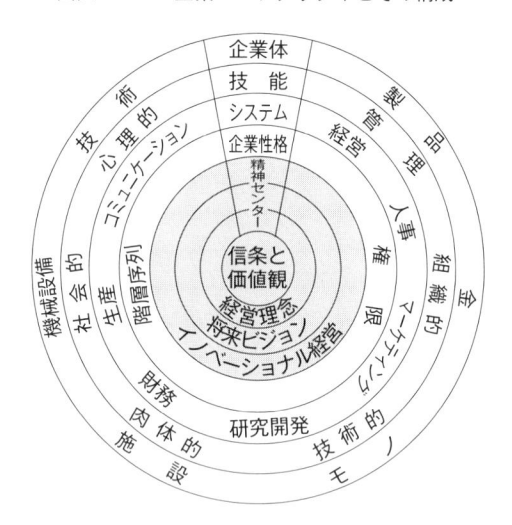

（図：同心円状の構成図。中心から外側へ「信条と価値観」「経営理念／将来ビジョン／イノベーショナル経営」「精神センター」「企業性格」「システム」「技能」「企業体」。外周には「技術」「心理的」「コミュニケーション」「社会的」「階層序列」「生産」「機械設備」「施設」「肉体的」「研究開発」「技術的」「モノ」「財務」「マネジメント」「カネ」「社会的」「人事」「経営管理」「製品」）

出所：F. G. Harmon and C. Jacob, *The Vital Difference*, Amacom Book Division, 1985（F. G. ハーモンおよびC. ジェイコブズ著，風間禎三郎訳『「活力」の経営学―成功する企業はここが違う―』TBSブリタニカ，1986年，107, 130, 176, 200頁を参考に作成）．精神センターについては修正

　この技術を生み出す研究・開発部門には最大の自由裁量を付与。同時に，企業や社会に対する責任を有する。
　経営管理部門は，研究・開発部門に対する積極的支援や支持が必要。
　企業のパーソナリティの力と経営力は収益や成功の限界を規定する。「企業のエネルギーは，企業によって，顧客への製品とサーヴィス，従業員への福利厚生，株主への利益配当，国家経済や社会への奉仕などに変換される」[14]。
　企業パーソナリティは，以上の諸要素から成り立つ。これらをまとめたのが，図表Ⅳ-2である。
　この企業のパーソナリティの力や経営力を高めるには，企業の諸要因の活性化が要求される。したがって，次に，企業経営の活性化について取り上げよう。

(3) 企業経営の活性化とその実践

　経営活力を高め，存続と成長能力としての企業のパーソナリティの力や経営力を向上させることは，企業が将来にわたって生命を維持するための基本である。組織生命体はイノベーションによってのみ生き続けることができるのであり，そのイノベーションの源泉が経営活力である。この経営活力を高めるのが活性化であり，その活性化の手法は以下のようなものである。

　①トップ・マネジメント要因——トップの権限の下位への委譲，トップの若返り・流動化，稟議制度[15]など。

　②組織要因——事業部制の導入・再編成，分社化や子会社の設立，ネットワーク・システムの導入，企業内ベンチャー，プロジェクト・チーム，組織開発（OD[16]），マトリックス組織[17]などの採用，組織風土の改革など。

　③情報要因——情報共有の促進など。

　④日本的人事・労務制度とその改革要因——企業内組合・企業内福祉，終身雇用制や長期雇用制，年功序列制（賃金・昇進）＋一定の能力主義・成果主義の導入。

　⑤現場の財務要因—— OJT，小集団活動としてのQCサークルおよびTQC，職務拡大・職務充実など。

　以上が企業における活性化の手法である。この活性化により，企業のパーソナリティや経営力が高まり，ひとつのエネルギーとなって，経営イノベーション能力が高まる。企業イノベーションのうち，「戦略的経営」の内容の具体的展開については，第Ⅴ章で取り上げる。

注
1）人間主義・市民主義・環境主義にもとづく企業経営の展開については『ビジネス社会の未来』（白桃書房，2011年）を参考にされたい。そこでは，「わが国企業社会の再生」という視点から，人間主義に対する「組織社会」，市民主義に対する「制度社会」，環境主義に対する「ネットワーク社会」について，理論的かつ現代的な視点から解答を見い出す努力を傾注している。もう一度，戦後構築された長期安定社会の再構築が求められている。今一度，わが国企業社会を根本から見直すことが求められているのであり，ま

ず，時間をかけた足場固めが大切である。
2) P. F. Drucker, *Innovation and Entrepreneurship: Practice and Principles*, Harper & Row, Publishers, 1985, pp. 22-25（P. F. ドラッカー著，小林宏治監訳，上田惇生・佐々木実智男訳『イノベーションと企業家精神　実践と原理』ダイヤモンド社，1985年，35-40頁）。
3) 奥村昭博著『企業イノベーションへの挑戦―新企業家精神の創生―』日本経済新聞社，1986年，228-230頁，一部加筆修正。
4) Drucker, op. cit., pp. 209-249（ドラッカー著，前掲書，353-419頁を参考にした。）
5) R. L. Ackoff, *Creating the Corporate Future*, John Wily & Sons, 1981, pp. 3-5.
6) 兆矢行男稿「特集　先進27社が描く次世代企業へのシナリオ」『週間ダイヤモンド』1991年10月29日号，20-22頁を参考に，一部加筆修正。
7) 山本安次郎編「§1　経営活力の意義と経営学における問題性」森本三男編著『日本企業の経営活力』中央経済社，1984年，5頁。
8) 同上，8頁。
9) F. G. Harmon and C. Jacobs, *The Vital Difference*, Amacom Book Division, 1985（F. G. ハーモン，C. ジェイコブス著，風間禎三郎訳『「活力」の経営学―成功する企業はここが違う―』TBSブリタニカ，1986年，44頁）。一部加筆修正。
10) 同上，105-106頁。一部加筆修正。物理的価値のうち，時間の有効活用とは，例えば，設備の自動化やオフィスのOA化などといった効率性追求の原理にもとづいた考え方である。スペースの最適利用は，機械設備の凝縮度を高めたり，機械設備の廃棄，生産ラインの簡素化などがその例としてあげられる。
11) 同上，108-109頁。
12) 同上，128-130頁。
13) 同上，191頁。
14) 同上，316頁。
15) 稟議制度とは，ひとつの条件を決定するにあたり，稟議書という一定の様式に従った文書を作成し，それを関係部署に回覧し，同意を求め，最後に上位機関の最終決定をうるというシステム。下位から承認印を押していくということから承認が形式的で官僚的だという批判もある。反面，コンセンサス・システムとして情報や価値の共有がなされるとして評価する考え方もある。
16) 組織開発（OD）とは，伸縮的な組織構造，開放的で支持的な組織風土，相互扶助の組織風土，相互信頼の態度，民主的なリーダーシップ・スタイルなど，相互扶助の組織構造のための組織戦略や教育訓練を意味する。
17) マトリックス組織とは，電子機器，ファイン・ケミカル（精製化学製品で

医薬品や香料など），航空宇宙産業など研究開発型企業の，とくに複数の科学技術分野にまたがる新製品開発部門でしばしば採用される組織構造。専門化の効果を生かした機能別部門組織と自己充足的管理単位の効果を生かしたプロジェクト別組織編成とをマトリックス状に併存させたもの（柴川林也編『経営用語辞典』第 3 版，1992 年，76 頁参照）。

第 V 章

制度改革的私企業と「戦略的経営」

　経営革新実態調査委員会は，経営イノベーションの内容として，既存事業の活性化，事業構造の変革，組織革新，グローバリゼーションの4項目をあげている[1]。このうち，既存事業の活性化は経営戦略の課題である。グローバリゼーションについては，今日ではローカルな研究が主たる内容である。そこで，本章では，アジア・ローカライゼーションについて展開したい。

　先の4項目のうち，事業構造の変革の内容としては新規事業の進出による多角化や新規事業への進出が戦略的経営に分類できよう。この新規事業分野は，今日のわが国では，情報・通信のネットワーク関連，バイオテクノロジー関連，新素材関連，介護・福祉関連，ナノテク関連などである。また新規事業分野に進出する方法には，子会社の設立，社内プロジェクト，ベンチャー企業の設立，ジョイント・ベンチャー（合弁事業），合併・買収，提携などが考えられる。

　組織革新の内容としては，組織風土の改革，組織機構・経営システムの改革，トップ・マネジメント層の若返り・流動化・抜擢人事の導入など，組織構造改革に関わる諸問題を戦略的経営の課題としたい。

　また，これまでのイノベーションの論理展開では，体制そのものの構造改革的問題については等閑視されてきた。換言すれば，経営戦略も戦略的経営も同じ水準で，ひとつの枠内で議論されてきた。経営者の通常の体制内での

体制維持を目指す経営戦略と企業家としての構造改革を伴うノン・ルーチンな戦略的経営とは明らかに次元が違う。

以上のことから，本章では，現代的な戦略的経営の課題として1新規事業開発戦略，2ネットワーク開発戦略，3企業文化のイノベーションと創造戦略，4アジア・ローカライゼーション戦略について取り上げることにしたい。

1　新規事業開発戦略

現代は，既存の標準的製品に関する市場の成熟化や技術の高度化によって，日常的な製品が均質化し，製品の価格や機能的な面での差別化を脱し，デザインや情報によって製品を選択する時代に移行した。他方，市場の縮小・細分化・個性化が進む中で，独自の技術開発（コア・コンピタンス）による高付加価値の実現やデザイン等，ソフト面での他社製品との差別化によって，製品や市場中心戦略から，情報中心戦略や知識集約型戦略などが求められるようになってきた。また，消費者の意向に密着した，消費者の価値志向の製品開発も注目されている。

国内市場が縮小・細分化・個性化し，技術の高度化などによる高コスト化が進行する中，長期的には，製品の値上げが避けられない状況にある。海外移転による低コストも限界点に到達している。また，原材料など諸資源の値上げも，これに拍車を掛けている。

このような状況にあっては，新規事業開発による中央突破戦略を採らざるをえない。次世代の企業創造の基本的かつ中心的戦略である。

(1) 新規事業開発のパターン

現在の，わが国の製品や市場に関する状況は2つの限界に直面している。ひとつは研究費や原材料費の高騰による高コスト社会の進行である。2つ目は，日常品を中心に低コスト化を進め価格引き下げをしても需要や消費を拡

大できない状況にあることである。

　赤字国債の発行や増税についても厳しい状況にある。消費構造や企業のプロダクト・ミックス（製品構成）の再構築，新技術・新製品・新産業の開発などが，現在なすべきことである。

　特に成熟産業に属する企業にとっては，新規事業進出は，命運をかけた生き残り戦略である。将来，本業にとって代わる可能性を秘めた新規事業には，集中的に経営資源，とりわけ稀少価値の高い優秀な人的資源を投入することが要求される。また，現代のように変化が激しく，かつ多様化する環境下においては，機動的かつタイムリーな対応が不可欠である。さらに，特に技術や市場が新しい別の分野への事業進出には，多大なリスクを伴うため，最初は少しずつ着実に進めていくことが必要である。コングロマリット的多角化がその代表的な戦略である。

　新規事業分野に進出するには，次の2つのパターンが考えられる。それは(a)本業を出発点とするものと，(b)本業にこだわらずに企業経営全体を見直そうとするものとに分けられる[2]。

　(a)本業を出発点とする構造改革を伴わない進出パターン
　①内部開発——技術も市場も，既存の知識と顧客の延長線上での新規事業進出
　②社内ベンチャー——既存の社内技術者によって，まったく新しい市場に乗り出していく新規事業進出
　(b)本業にこだわらずに構造改革を伴う進出パターン
　①社外ベンチャー——既存の社内技術者によって，まったく新しい市場に乗り出していく新規事業進出ではあるが，本体の外部で子会社のカタチをとるパターン
　②ジョイント・ベンチャー（合弁事業）——既存の技術・ノウハウがまったく通用しないため，外部にその技術をもつ相手を求めていく新規事業進出
　③提携企業——ジョイント・ベンチャーと同じ進出パターン

④ベンチャー・キャピタル——当該企業にとって技術も市場もまったく未知な場合の新規事業進出の方法で，資金だけは豊富に保有する場合のパターン

⑤買収——ベンチャー・キャピタルと同様の状況にある場合の進出パターン

(b)の本業にこだわらずに，最初から企業経営全体を見直そうとする新規事業開発の内容には，次のようなものが考えられる[3]。

① 技術革新先取り型事業

② コングロマリット的多角化・高付加価値型事業

③ 優れた製品づくりによる一点集中トップ・シェア型事業

④ 消費者の価値観にもとづくサーヴィスなど末端から全体を活かすホロニック（川下）型事業

⑤ 演出能力発揮型（ソフトシステム型）事業，つまり電子書籍，快適さ（アメニティ），楽しさ，面白さなどの優れた演出力や商品力をもつ事業

⑥ 企画開発力やマーケティング能力中心型事業

⑦ 奇想天外・型破り型事業

⑧ 省資源・省エネ技術，エコ技術（太陽光発電，地熱発電，風力発電，緑化など）など研究開発中心型事業

⑨ その他

このように，現代企業は，自社の技術や市場，さらに内部資源の活用だけでなく，外部資源を自社に囲い込みつつ，現在の本業を親として新規事業への進出を試み，アメーバのように核分裂を繰り返し，新しい事業分野を包含する企業へと「進歩」していく。もちろん，現在の本業が将来は他の産業分野に移行することも十分に考えられる。このような企業の動態的性向を表わすと図表Ⅴ－1のような「新規事業開発のアメーバ・モデル」として表わすことができる。

まさに企業は形が定まらず分裂・繁殖・増殖・減少・死滅を繰り返すアメーバのようなものである。企業は本業たるコアをもち，自らの身となるも

図表Ⅴ-1　新規事業開発のアメーバ・モデル

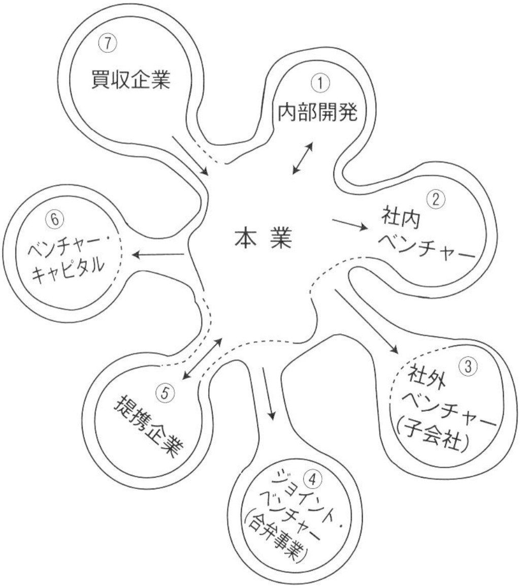

①内部開発
②社内ベンチャー
③社外ベンチャー（子会社）
④ジョイント・ベンチャー（合弁事業）
⑤提携企業
⑥ベンチャー・キャピタル
⑦買収企業

本業

注：ベクトルの方向が外向きの場合には外向きの力が加わり，内向きの場合には内向きの力が加わっていることを意味する
　　←→の場合には双方向の力が加わることを意味する
　　本業との関わりは──や---によって濃淡を表わす
　　内部開発や社内ベンチャーはほぼ本業　と一体化していることを意味する

のを吸収し，さまざまに形を変え，長期的にはその性質までをも変化させていく有機体である。

(2) 新規事業開発型企業への組織的イノベーション

　国内・国外での政治・経済・社会等の環境の不確実性・不連続性の増大など，ますます先の見えない，予測不可能な社会になりつつある。同時に，生態上の変化として，個性化，ネットワーク化，グローカル化，グリーン化が進行している。

　他方，経済が減速化し，右肩下がりのマイナス成長に突入し，賃金も減少化傾向にある。成熟化・高齢化した社会における購買意欲の低下，市場の縮小化などによって，組織の硬直化が進行し，ひいては組織活力も低下しつつ

ある。この組織活力の低下は，先の見えない不安を反映している。

　組織活力が低下するということは，改善や改良が促進されず，アイディアも出ない，沈滞したムードを醸成していく。その結果としてイノベーションの実現を阻害することになる。

　組織の活力を高めるには，それぞれの単位組織メンバーの自主性や目標，さらに個性といったものを尊重すると同時に活かさねばならない。さらに企業全体としては，合理性のみを追求する管理志向の組織から「イノベーション」を志向する戦略的組織へと移行することが重要かつ緊急を要する課題である。

　経済・産業・企業・市場が活力を失いつつある現状を打破するには，企業自体がその組織構造を転換する必要がある。その分野には，次のような性向が提起されよう[4]。

　①「小さな本社，組織の簡素化」——大規模化し硬直化（官僚化）した組織の再編。

　②「組織の戦略化」——戦略企画部門，戦略的決定機構の機動化・再構築化など。

　③「トップ・マネジメント構造の改革」——若返りや常務会の機動化・再編。

　以下において，新世代の新規事業開発に焦点を当てた，具体的な組織的イノベーションの内容を提起したい。

　(a)戦略的組織の生成

　①SBU（戦略事業単位）——トップダウン型の組織的特徴をもつ戦略主導型の組織。

　②社内ベンチャー——ボトムアップ型の組織的特徴をもつ戦略創発型組織。

　③戦略相互浸透型組織——トップダウン型とボトムアップ型を総合した組織的特徴をもつ組織。このような組織生成のためには企業家的精神にもとづくイノベーションに主導され，トップ自体が，将来のヴィジョンを

もち，下位の各単位組織の自主性と創造性を尊重することが不可欠。
(b) ネットワーク組織の生成

現在，日本の金融機関を媒体とした企業グループに対して，新事業の展開のための子会社の設置やコングロマリット的多角化などによって，産業間の垣根が取り払われ異業種間の企業グループ化の動きがますます高まっている。また，中小企業にとっては，独立性を保持するために，隙間をねらい，他のベンチャー・ビジネスや中小企業とのグループを形成するか，大企業の傘下に入るか，身売りするか，さらには存続そのものを放棄するか（清算）といった選択が迫られている。

このように規模を問わず，外圧や国際的環境の影響も加わって，企業のグループ化やネットワーク化はますます促進されるだろう。これまでの大規模企業も，環境変化への柔軟性を高めるためにも，とりわけ異業種分野に進出するには，特定の技術をもった中小企業やベンチャー企業を買収したり，社内ベンチャーや社外ベンチャーとしての子会社を設立することになる。そこで，半独立的な企業群や単位組織間でグループとして，ネットワークをつくり，ゆるやかな統一性を保つこと，そしてアメーバのように核分裂することで，環境変化に対応していくことが必要である。

(c) 企業家的人的資源の育成

創造性の出発点は，まず既成にこだわらないことである。時代を形成する中核的人的資源は，創造性に富み，企業家的特性をもつ。このような企業家的人的資源は，次のような特性をもつ。

①何かひとつのことに一意専心する。

②プロフェッショナルとして，自らの専門的領域に自負心をもち，個人主義的傾向が強い。

③自己実現欲求が強く，高い目標をもち，それに向かって精力的に取り組み，さらに名声や地位への欲求も高い。

また，これからの企業には，新規事業展開やその戦略的組織づくり，さらにグローカル化への対応を含めた新市場開拓など，これまでの既成の戦略と

は異なる部分での展開が期待される。そのような状況では異質な人的資源が多数要求される。したがって，トップの強力なリーダーシップとともに，他方で，組織メンバーの自立性と自律性を基礎とした創造力開発と創造的組織風土形成も必要不可欠である。

自社に対する将来ヴィジョンを描き，それを鑑みつつ，常に，イノベーションを目標とし，常時企業の枠組みやプロダクト・ミックス（製品構成）など基本的かつ全体に関わるシステムを見直しつつ経営戦略を実行していく「戦略的企業」（制度改革的私企業）への転換が必須である。

2　ネットワーク開発戦略

本節では，ネットワーク開発戦略について，(1)企業組織の分権化とネットワーク組織，(2)企業間の結合・系列・グループ，さらに(3)企業間ネットワーキング戦略に分けて段階的に考察してみたい。

ここでいう「ネットワーク」とは，個々のユニットが他のユニットに対し一定水準以上の「自立性・自律性・独創性」を有し，さらにユニット間で何らかの相互関連性をもっていることを前提とする。各ユニットの種類や規模は実にさまざまである。各ユニットの種類としては，自立性・自律性・独創性を有する事業部や関連企業だけでなく，さらに社内ベンチャー，社外ベンチャー，ジョイント・ベンチャー（合弁事業），提携企業，買収企業などが考えられる。後述する企業間ネットワークでは，ユニット間ネットワークにおけるユニット（個人を含む，より多様なネットワーク・ユニット）は，独創的なコア・コンピタンス，つまり自立性・自律性・独創性のある核となる技術や能力を有するものであることが必須条件となる。またユニット間ネットワークは人的ネットワークや情報ネットワークなど，あらゆるネットワークの相互作用から生起する創造的で柔軟なネットワークを想定している。

(1) 企業組織の分権化とネットワーク組織

　企業組織は，当該企業の活動内容の多角化や本業の転換，新事業の展開，規模拡大などによって変化してきた。また，これまでは「組織構造は経営戦略に従う」という，受動的に変化するという考え方が主流であった。しかし，組織構造自体，創造力の発揮が期待されるようになると，組織そのものが活力があり，イノベーショナルで創造的であることが不可欠となる。

　では，まず企業組織の時系列的変化をみてみよう。それは，**図表Ⅴ－2**のように示すことができる。

　①「集権的組織」の代表的な形態は軍隊組織である。

　②「分権的組織」の代表的な形態は，機能的分権制としての機能別分権制組織，連邦的分権制としての製品別事業部制組織と地域別事業部制組織がある。

　③「階層別ユニット組織」では，それぞれの階層別ユニットが連結ピンで結ばれており，上下関係のコミュニケーションが，スムーズに行われる。

　④「円環状ネットワーク組織」はその中心に，より水平的なユニット間の業績管理やユニット間の調整を担うトップ組織のユニットをもつ。各ユニットはあたかも独立した企業に近い行動を志向し，自己のユニットの業績に対し責任をもとうという傾向がみられる。この円環状ネットワーク組織では，中心にあるユニットが調整役としての役割を担い，また周囲の別のユニットが，機能的にみれば，生産システム，情報システム，マーケティング・システム，労務システム，財務システムなどとしての役割を担う。このような機能別円環状ネットワーク組織の他に，製品別・地域別円環状ネットワーク組織などが考えられる。

　企業組織は，合理的目標達成のために，集権化，分権化，ユニット化，ネットワーク化の方向へと進化してきた。**図表Ⅴ－2**のユニット組織やネットワーク組織における各単位組織である各ユニットは，次のような特徴をもつ。

　①自立性——個々のユニットが，自分の力で自立すること。

図表Ⅴ-2　企業組織の時系列的変遷

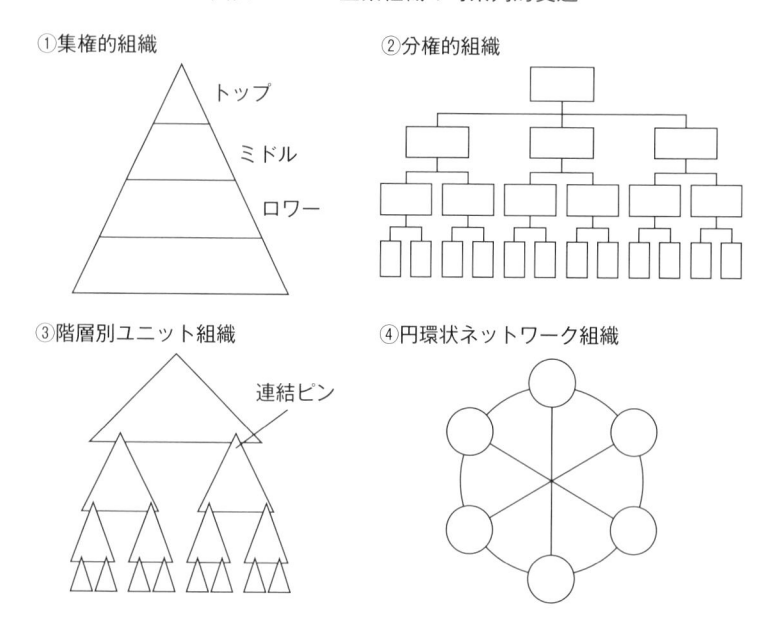

①集権的組織　　　　　　②分権的組織

トップ
ミドル
ロワー

③階層別ユニット組織　　④円環状ネットワーク組織

連結ピン

　②自律性——個々のユニットは成果・結果に対し，一定水準以上のさまざまなレベルの責任を有すること。

　③独創性——個々のユニットがさまざまなレベルの能力を発揮しうること，そしてコアとなるものをもつこと。

　先の円環状ネットワーク組織では，指揮・命令を担当するトップ組織ユニットや調整役を担うユニットを小さなものにすることができる。この意味することは権限委譲を進め，分権化を促進し，他の各ユニットが「自立性・自律性・独創性」を高めることを意味する。そこでトップリーダーやトップ組織ユニットは，自らのネットワーク組織の将来ヴィジョンや将来の事業などについてじっくりと想像と創造をめぐらし，新世代のネットワーク組織について検討することができる。ネットワーク組織のうち各製品や各地域を担当する事業部ユニットは，それぞれ市場規模に左右される。そこで，各ユニットには，ある程度の成果責任制がとられる各事業部ユニットにおいて業

績向上への戦略が活発化することになる。ユニットの業績が向上すれば，各メンバーの給与もその成果に応じた分配が期待できる。

　これまでの組織論的ネットワーキングでは，次のような議論がなされてきた。ネットワーキングによって，パワーの蓄積や基盤の構築，さらにはパワーや影響力行使の背景となる集団力や組織力が醸成される。われわれは日常生活において，実にさまざまな組織に所属し，同時に，それぞれ異なった幾重もの結合関係をもっている。この結合関係のうちにあって，ネットワークを構築することは，自己のパワー・アップにとっても特別の意味合いをもっている。

　例えば，①共通の関心やイデオロギーによるパワー基盤の構築，②人びとの間の十分なコミュニケーションによる人びととの結合力や集団パワーの向上，③文化の共有による共通意識や信念の醸成などである。

(2) 企業間の結合・系列・グループ

　現在，新旧産業において，合理性追求の名のもとに，合併や買収，提携 (alliance)，さらに企業分割・新事業の立ち上げなどによるグループ化やネットワーク化が進められ，企業再編・産業構造の見直しなどが進んでいる。概ね，製造企業では企業分割・グループ化・ネットワーク化が促進されている。他方，金融・証券・保険業界では，グローバルレベルでの競争状態の中で，合併・買収・再編が進められている。

(a)企業結合

　現実的な企業結合には合併・買収および提携が考えられる。

　「合併」の起因としては①当該産業の成熟化，②当該産業市場の縮小化，③当該企業がその市場において独自性や独創性が発揮しえないこと，④このような状態の中でグローバル化が進行していること，⑤スケールメリットが求められていることなどがあげられる。このような状況にあっては，主に合併戦略が志向される。合併には，対等合併と吸収合併とがある。しかし，実際には対等合併といっても，どちらかがパワーゲームに勝利し，吸収合併に

図表Ⅴ-3　合併の基本型と実際

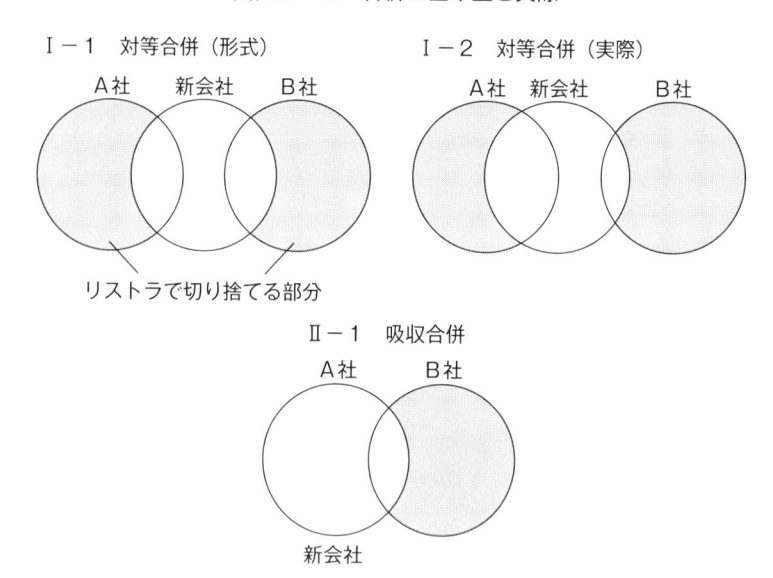

Ⅰ-1　対等合併（形式）　　　　Ⅰ-2　対等合併（実際）
　　A社　新会社　B社　　　　　　A社　新会社　B社

　　　　　↓
　　リストラで切り捨てる部分

Ⅱ-1　吸収合併
　　A社　B社

　　　新会社

近いカタチになる。さらに合併の後にリストラがつきものである。いわゆる，人員や店舗数の削減などが実行される。このような合併の基本型と実際の合併の状況を表わしたのが**図表Ⅴ-3**である。

　他方，ゆるやかな結合形態として「提携」が考えられる。提携もひとつの戦略として，自社の弱みを補強する意図にもとづいて実施される。提携戦略は企業間で相互にメリットがなければ成立しえない。と同時に，提携関係はいつ解消されるか分からないという不安定さをもつ。このような提携戦略の対象領域としては，生産，マーケティング，技術や研究開発，資本などがあげられる。

(b)企業系列

　「系列」（keiretsu）とは，企業間あるいは企業グループにみられる相互信頼関係にもとづいた長期継続的取引関係で，合理的であり，これまで日本企業の競争力の強さの源泉であるといわれてきたものである。系列を形成する軸となるのは企業間で固有の①取引関係，②資本関係（株式保有），③人間

関係（役員の派遣など）である。これらの関係を表わしたのが**図表Ⅴ－4**である。

　このような系列については，特定の系列内企業の利益・利害だけを優先して，系列外の日本企業や外国企業を取引から排除したり，差別したりすることがありうるとして，現代のようなグローバルでダイナミックな大競争時代にあっては，不公正なものとみられたり，系列内取引や協力関係内だけでは対処しえない事態も起こっている。

　外国企業の参入障壁のひとつとして，わが国の株式相互持ち合いが引き合いに出された。企業間の株式相互持ち合いは相互持たれ合いを生み，責任者不在の経営者機関を生み出すともいわれた。

　これまでの企業グループの典型としての系列の特徴として，次のような点があげられよう。

①法律的には，それぞれ独立した企業であること。
②企業間でタテ・ヨコの相互協力・協調関係をもつこと。
③資本的には安定した株式の相互持ち合い関係にあること。
④人的には非常勤取締役などのカタチで相互に人材を派遣し，交流してい

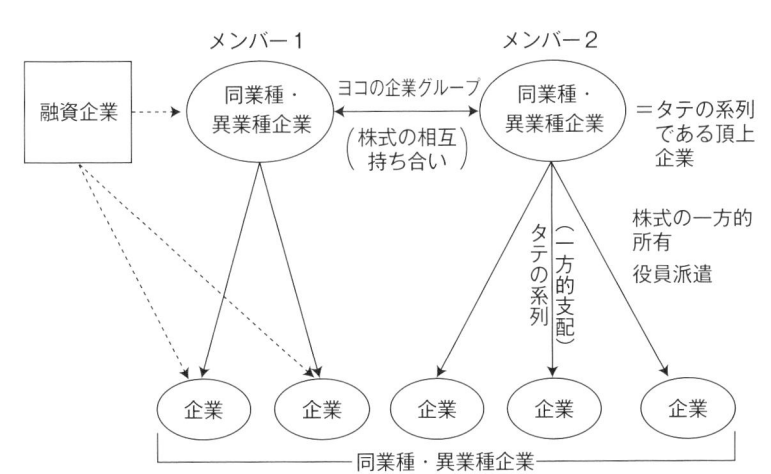

図表Ⅴ－4　系列内相関図：タテ系列とヨコ系列

ること。
⑤系列の中核的企業として,都市銀行や総合商社を有すること。
⑥系列の最高の連絡・調整機関として社長会を有すること。
(c)企業グループ

独立系企業グループとしては,日立,パナソニック,トヨタなど有力企業を核として形成された企業群がある。

このうち,日立グループは①日立御三家である日立金属,日立化成工業,日立電線などの素材メーカー,②新日立御三家といわれる日立マクセル,日立クレジット,日立産業,さらに③産業機械メーカー,④輸送用機器メーカー,⑤弱電・家電メーカー,⑥通信・電子メーカー,⑦販売・流通・サーヴィス業などからなる。この日立グループは日本の産業界のパラレルワールドの小型版ともいえる。また,地方分散型の,より主体的な伸縮性をもったグループである。

本項で取り上げた企業間の「結合」や「系列」はどちらかといえば,垂直型のグループ化である。これに対峙するのが水平型のグループ化である「ネットワーク型企業グループ」である。この中間に位置するのが,「よりフラットな独立系企業グループ」である。このよりフラットな独立系企業グループの中にはより水平的なものも含まれる。その水平的なものは,次の第3項に含めて議論したい。

(3) 企業間ネットワーキング戦略

現在のような消費の高度化(多様化・個性化),市場の成熟化,産業の高度化やボーダレス化,さらに経済の成熟化・低成長化・減速化といった状況の中では,企業の規模拡大によるスケール・メリットを求め,競争優位を保持することは不可能である。このような環境変化の中では,むしろ企業のダウンサイジング(小規模化)をはかり,切り捨てるものは切り捨て,あるいは分社化や,企業間でネットワーク化を推し進めることが必要である。

第1節で取り上げたように,企業は,本来,アメーバのごとく集合や離散

を繰り返しながら，さまざまにカタチを変え，新規事業開発をし，生き残っていくものである。今日ではグループとして，各ユニットが自立性・自律性・独創性を活かしつつ，ネットワーク化し，ネットワークとして総合的にパワーを発揮することが必要である。

　また，現在では，技術や市場がグローバル・レベルで急速に変化していることから，市場での競争が個別企業間から企業グループ間の競争へと構造的に変化しつつあるのである。いわゆるグローバル・レベルでの「グループ経営」が強調される。また，自動車産業に代表されるように，これまでのような見事なまでに統合化された垂直型システムを構築するのではなく，グループ企業間の水平的・多面的な協調関係を構築することが必要である。そして，親会社中心の従来型のピラミッド経営ではなく，グループ企業の自立性・自律性・独創性を活かした「束ねのマネジメント」にもとづく，伸縮的で開かれたネットワーク経営の必要性が高まっている[5]。

　このような「水平的な企業間ネットワーキング」には，(a)企業分社型ネットワーキング，(b)円環型ネットワーキング，(c)増殖型ネットワーキング，(d)集積・分配型ネットワーキング，(e)循環型ネットワーキングなどが考えられよう。

(a)企業分社型ネットワーキング

　これは製品別・部門別（食品・薬品など），営業地域別などに分社化し，ネットワーク化するパターンである。消費者，市場，技術，研究開発などが各ユニットに集中できるため，それだけ効率性が高まり，責任も明確となる。消費者のニーズへも即座に対応できる。このパターンは，事業部制の各事業部ごとのメリットと，各事業部間の横断的意思決定のメリットも享受できる。

(b)円環型ネットワーキング

　もともと異なる企業が，足りない分野や秀でた分野でお互いにネットワーキングを促進させ，協力関係を構築し，お互いの企業活動の効率性を高めることを狙いとする。このパターンの例としては，原材料や部品の共同購入，設備の共同利用，技術・研究開発の共同化，新製品の共同開発，生産や販売

(a) 企業分社型ネットワーキング　　　(b) 円環型ネットワーキング

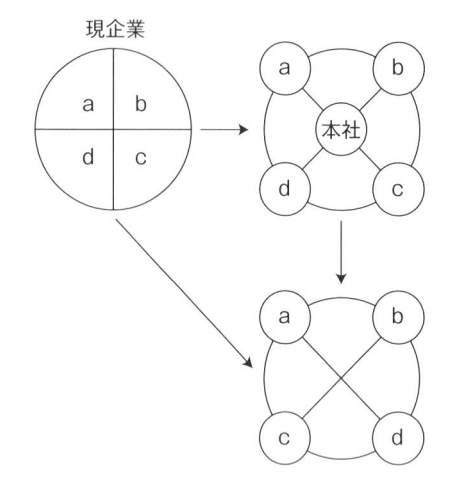

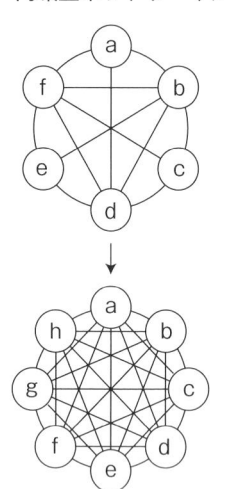

の共同化などがあげられる。

(c) 増殖型ネットワーキング

　これは，自立・自律的なユニットが，それぞれの判断で自己増殖するパターンで，株式所有や上下関係は存在しない。そのパターンでは，実にさまざまな産業分野のユニット間でのネットワーキングが可能であり，産業界のパラレルワールドといった特徴をもつ。ここに参画できる業界としては，機械メーカー，輸送用機器メーカー，家電メーカー，素材メーカー，電子メーカー，販売・流通・サーヴィス業など，さまざまである。

(d) 集積・分配型ネットワーキング

　(d)の①は，例えば，ある地域で企業間ネットワークをつくり，依頼主(クライアント)からの依頼情報を一点に集中させ，情報の効率化をはかり，特殊なあるいは独創性のある技術をもっている各企業に依頼情報を提供するシステムである。

　(d)の②は，各製造企業からのさまざまな製品を各地域にある集配所に一旦集めてから，さまざまな製品を各地域にある小売業者に配送するようにし，流通の効率化をはかろうとするパターンである。

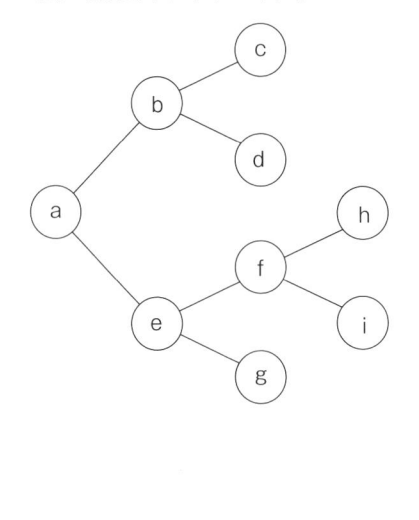

(c) 増殖型ネットワーキング　　(d) 集積・分配型ネットワーキング

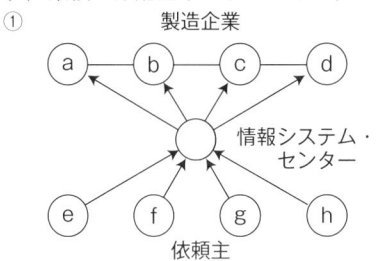

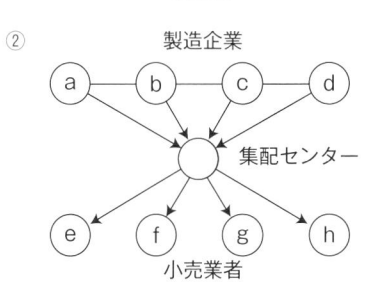

(e) 循環型ネットワーキング

購買→生産→ロジスティックス→配送→販売などの機能別循環ネットワーキングや製品や資源リサイクルの循環型ネットワーキングなどが考えられる。前者では，共同購入や共同生産，さらに共同ロジスティックスなど，他の企業活動の機能を一緒にすることも可能となるネットワーキングである。後者の製品や資源リサイクルの循環型ネットワーキングとしては，使用済み製品の回収→集積→分解・分別→再資源化→ロジスティックス→配送などといったことが考えられる。

以上のような「水平的な企業間ネットワーキング」は，次のような特徴をもつ。

① 必ずしも資本出資を前提としないこと。
② 企業間関係は水平的で対等な関係を原則とすること。
③ それぞれの企業は独創性の高い製品，技術，デザイン，さらに独自性の高い市場を有する。つまり独創性の高い技術や能力であるコア・コンピ

(e) 循環型ネットワーキング

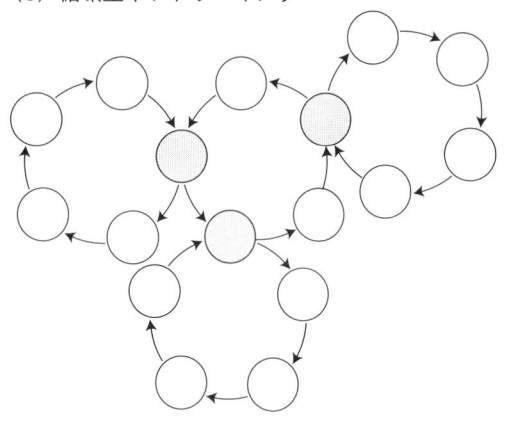

注：◯のユニットでは共同購入，共同分解・分別，共同生産，共同研究，共同設計など企業協力が促進される

　　タンスを有することが要求されること。
④それぞれの企業は，原則として単一の製品・技術や市場をもつことから，規模的には比較的小さいということ。
⑤それぞれの企業は業績の悪化，双方向のメリットの喪失，さらに，ある企業が製品，技術，デザイン，市場などの面で自立性・自律性・独創性を失えば，ネットワークから脱落する可能性が大きいということ。
⑥ネットワークの対象となる企業は国内に限定されないということ。

3　企業文化のイノベーションと創造戦略

　わが国は，第2次世界大戦後，自然や人間としての個人の生活を押しのけ，西洋合理主義にもとづく物質文明や科学技術文明を追い続けてきた。その結果として，国民社会はモノレベルでは豊かになった。しかしモノレベルでの目標を失った中間層と呼ばれた人びとは，次なる目標を見い出しえないまま，ストレスの溜る1980年代を過ごさざるをえなかった。

新しい文化の萌芽がみられるようになったのは，特に，1990年代である。それは，①人間や自然環境への関心の高まり，②農業や地方文化への関心の高まり，③ゆとりや趣味への関心の高まり，④モノへのこだわり，いやし系商品への関心の広がり，⑤過去の歴史の見直し，アジアやヨーロッパへの関心の高まり，などといった現象となって現われた。

　現代社会の根源的なうねりは，人びとの自立・自律と価値観の変化であり，個々人の責任の取り方であった。1980年代に入り，それまでの物質的価値観や組織・制度依存社会が崩壊する中で，徐々に「科学技術文明」から伝統に根ざす「文化の時代」へと移行し，「物質文明や都市文明」から「精神文化や地域・農村文化」へと関心や価値観が変化してきたのである。そして「調和と連帯」あるいは「対話と協調」が希求され，「コミュニケーション（つなぎ）社会」が求められるに至った[6]。

　1990年代半ばからは「個の時代」に入り，「対立・競争ネットワーク社会」が胎動し始めた。現在では，グローバル化の進展や格差社会における弱者救済への関心が高まり，「共生・共創ネットワーク社会」への関心や期待が高まっている。

　前述のような人びとの価値観の変化の背景としては，次のようなことがいえよう。

　①物質文明や科学技術文明によって導かれた物質生活の向上が一定の限界点に到達したこと。

　②それと反比例し，人間生活を取り巻く自然環境や社会環境が悪化の一途をたどっていること。

　③物質的な経済成長が，国内レベルではすでに限界点に到達していること。

　④物質生活に関わる技術進歩が一定の限界点（ブレークスルー的技術革新の減少，例えば，かつてのIC，つまり集積回路に匹敵するような技術革新の減少）に到達したこと。

　⑤他方，燃料や食料増産に関わるバイオ，医療技術に関わるナノテク（極

小技術），環境改善に関わるエコ技術，介護技術など新産業にかかわる技術革新への期待が高まっていること。

⑥国際交流の活発化によって，国と国との関係や，国の内と外との関係がますます緊密化しつつあること。

このように，経済レベルや物質的生活レベルで総合的限界点に到達したことによって，モノ離れ，余暇時間の活用，レジャー指向，教育投資の増加，ある種の閉塞感の中で，新産業や新技術への関心も高まってきた。その結果，知識や創造力と結びついた知恵（wisdom）への関心や自然から何かを学ぼうという意識が芽生えてきた。

そこで，本節では，(1)企業文化と経営理念，(2)企業文化のイノベーションと創造，(3)創造プロセスと創造的風土形成について取り上げる。

(1) 企業文化と経営理念

どの企業や組織にも雰囲気がある。どの企業や組織でも，門をくぐり，建物に入ると，受付の方がおり，多くの社員と出会い，その人びとに対し，何かしら感ずるものがある。それは組織風土であり，「行動文化」である。その背景にあるのが，伝統や慣習・慣行などの「制度文化」である。社屋の屋上や門には社名やロゴ・マークなどが書かれている。社屋の玄関には社旗が掲げてあったりする。これらは「視聴覚文化」である。さらに社屋や事務所などに入ると，「…すべし，…すべからず，顧客第一，現場第一，社会奉仕など」と書かれた額が目につく。これは「観念文化」である。

第Ⅰ章で述べたように，制度主義の研究課題は，長年培われてきた結果としての「文化」と，プロセスとしての「人間行動」にあった。そこで，本書においても，文化と人間行動に焦点を絞ってきた。企業は活動主体であるが，その中核を占めるのが文化であるともいえる。換言すれば，経営戦略や戦略的経営といった人間行動は，第Ⅳ章第3節で取り上げた精神センターに左右され，方向づけられるのである。

社会的に価値観のウエイトが文明から文化へシフトする中で社会文化が

図表Ⅴ-5　企業文化の構成アイテム

企業文化	制度文化	伝統，慣習・慣行，儀礼・儀式，タブー，規則
	観念文化	企業哲学，経営理念，社是・社訓，会社綱領
	視聴覚文化	マーク，シンボル・カラー，社旗，社歌，社章，ユニフォーム，ロゴタイプ（logotype），シンボルとなる建物
	行動文化	社員に共有された思考，行為様式，社風，風土（ワーク・ウェイ，リーダーシップ・スタイル，接客マナー，言葉づかい，雰囲気）

出所：梅澤正著『企業文化の革新と創造』有斐閣，1990年，59頁より一部修正

　「企業文化」を呼びさまし，ひいては個別企業の「企業内文化」を喚起し，その重要性が企業経営や経営イノベーション・レベルで認識されるようになった。

　狭義の企業文化は「人びとが信じている価値観と行動パターンであり，社風，組織風土，組織の空気……からなる」という[7]。

　これに対し，広義の企業文化は「企業が培養し定着させている価値と規模の総称」[8]であり，①制度文化，②観念文化，③視聴覚文化，④行動文化からなる。このような分類を表わしたのが，図表Ⅴ-5である。

　このうち，「観念文化」に関連して，河野豊弘は，次のように述べている。「経営理念は，企業の社会における役割，社会的責任，方針，経営戦略，行動指針などの重点を簡潔な言葉，感情に訴えるような言葉やシンボルで表わしたものであり，経営組織の基本的方向，共通の価値を定めたものである。その多くは社是・社訓や社歌で表現され，企業哲学，イデオロギー，企業家精神，経営スタイル，エートス（気風），経営ヴィジョンなどを内包する」[9]。

　このような広義の企業文化は，次のような企業の全体とその構成メンバー双方の思考・行為の「パターン形成」をその基本機能とする[10]。

　①対メンバー機能——社員の期待の充足——社員への思考・行動様式の青写真の提供，企業に蓄積されてきた知的資産（知識・技能・思考等）の享

受，企業への帰属や貢献の意味の付与。

②対組織機能——組織形成——組織の統一と連帯の強化，組織としての独創性の確立，揺るぎない信念的な組織活動。

③対外的機能——社会からの承認と高い評価の確立——企業の将来ヴィジョンや性格の外部への明示，絶えざるイノベーションと進化しているという社会的評価の獲得，文化への高い関心と文化への貢献（企業メセナ）による企業イメージアップなど。

(2) 企業文化のイノベーションと創造

1980年代以降，企業文化は経営資源としての企業文化であり，変革やイノベーションの対象となった。このような企業文化に関わる経営戦略上の課題は以下のようである[11]。

①自社独自の企業文化の構築。

②経営理念の末端までの浸透と社員の思考・行動への体現。

③企業イメージ向上のための文化の視点からの経営活動の見直し，文化活動への取り組み。

④事業の再構築のための社風や組織風土のイノベーションや社員の思考・行動様式のリフレッシュ。

⑤大企業病の克服や全社員が自信と誇りをもてるようにするための閉鎖的組織風土のイノベーション。

⑥CI（corporate identity）の確立による社員の一体感の確保。

したがって，トップ・リーダーは，①自社の文化が社会的変化やその予測に合致しているのだろうか？　②革新志向的・外部志向的・積極的な活力ある企業文化か？　③手段志向的・処理志向的・画一的・セクショナリズム的な傾向を示す官僚的企業文化に陥っていないか？　④保守的・短期志向的・内部志向的な沈滞した企業文化に陥っていないか？　といったことを常に自問自答する必要がある。

1990年代には，企業文化に関連した経営戦略上の課題として，次のよう

なものがあげられる[12]。
　①国際社会でも通用する「フレキシブルで開放的で寛大な企業文化の創造」
　②「社員のロマンと感動を重視する企業文化の創造」
　③社会市民として認知されるような「社会性豊かな企業文化の創造」
　④これまでの経営思想や経営技法とまったく異なる「新しい創造的な企業文化の確立」
　今日では，これまで議論してきたような企業文化に関わる経営戦略上の課題すべてが同時的に必要とされているのではなかろうか。

(3) 創造プロセスと創造的風土形成

　企業経営の「民主化」(democratization) は，企業を活性化させ，活力ある組織風土を生み出し，経営活力を高め，創造力を醸成させる。まず，組織のメンバーである個々人の自由意思（willingness）を認め，人間は問題を発見し，問題を定義づけ，その問題に関連した情報を集め，問題の解法を発見できるものであることを認めることが出発点である。
　企業がさまざまな環境変化に対応し，社会に存在し続けるためには，企業の外と内（器と中身）を含めたイノベーションが求められる。このイノベーションを実行に移すためには，知恵やアイディアにもとづく「創造力」(creative power) が必要不可欠である。
　この創造力から生み出される「創造性」(creativity) の意義は2つの側面をもつ[13]。
　①ある反応が新奇でかつ特有なものか，役に立ち，当を得ているか，あるいは貴重なものか。
　②発見的なものか。
　したがって企業の創造的活動というものは，いらなくなったものや，いらないと考えられるものを破壊する活動であり，当該企業や社会にとって有益であると考えられるものであると同時に，新しい発見的なものである。この

ような活動は，人びとの価値観や社会が変化し，あるいは人びとや社会や企業が変化を求める限りにおいて，継続的・永続的に追求されるべきものである。

このような創造性は，①現場レベルでの工夫による改善や改良を目指す「応用的創造性」と，②トップおよびミドル・レベルのイノベーションや発明を目指す「革新的創造性」とに分けられる。

では，まず，(a)個人と組織の創造プロセスを，続いて，(b)創造的な組織風土とその生成について取り上げることにしよう。

(a)個人と組織の創造プロセス

このような創造的活動を議論する場合，創造力は各個人の中から湧き出てくるものであること，したがって各個人の創造力を高め活かすこと，さらに各個人の創造力を最大限活かしながら集合化させていくことが重要な課題となる。

各個人レベルの創造力は「問題を発見し，アイディアを創造し，それを実際に役に立つ考え方・方法・モノなどに具体化し，成果を出すまでの個人の力」[14]である。

このような各個人の創造力の背景には，直観（intuition），自由意思，創造の喜び，不安や批判に対する抵抗力，自らの創造性発揮に対する周囲の支持・同意（compassion）といった個人内部の創造的本質があるという[15]。

これらの創造力を有する個々人の多くは組織に所属している。したがって多くの個々人の創造力は組織の「場」を通じて発揮される。このような組織の中で個々人が創造力を発揮するには，基本的に，①個々人を独立体として認識すること，②個々人の自由意思を認めること，さらに，③個々人自体が既成のものにとらわれずに高遠な理想と向上心をもつことが重要である。このような場における個人と組織の関係は，研究機関などでの個人と組織の関係と同様に，非常にゆるやかなものでなければならない。

他方，企業レベルでの創造力は「環境変化に対応し，将来に向かって，企業経営に役立ち，物的にも精神的にも社会生活を豊かにする新たな改善・改

良さらに開発・改革を実際に創り出していく組織的パワー」[16)]である。

このような組織的創造力は，個々人のもつ創造力をいかに有機的に結合するかによって決定づけられる。その意味で創造力マネジメントは感受性の問題であると同時に，将来の組織的創造力の成果を左右する主要な問題である。この組織的創造力は次のような「創造プロセス」を経て発揮される。

① 環境変化に対応するために創り出された将来に関わる問題の発生・知覚・要求・創造。
② 過去の経験や知識にもとづく当該問題についての情報の収集・分類・消化・創造（別の新しい問題やアイディアの創造）。
③ 当該問題を放棄しないで継続する場合には，その問題解決のための集中的思考と創造性の発揮，創造の源としてのアイディアの創出。
④ そのアイディアの実現性・市場性・コスト・経営理念などとの調和のチェックを通じた検証・評価。
⑤ そのアイディアの実現，つまり実際に個人や企業，さらに社会に対して役立ちうるような新たな評価の創成。

企業の創造力は，まさに企業イノベーションの源流であり，企業イノベーションの組織的パワーである。人の価値観や社会が変化する限りにおいては，継続的・永続的にイノベーションは不可欠なものである。したがって創造力は，企業の将来性を評価する重要な指標となる。

(b) 創造的な組織風土とその生成

「組織風土」（organizational climate）とは，組織構造，制度，とくに経営者のリーダーシップ，経営方針などによって生成され，影響を受け，その組織メンバーの動機づけや価値観，行動習慣に影響する組織全体の特性である[17)]。

組織が低い集権性と低い形式性という特質を有する場合には「独立した個体」が強調される組織風土を形成する。このような組織風土は創造的組織風土を形成する。この創造的な組織風土は，創造力をかきたてる将来ヴィジョンがあり，組織メンバー各個人の自由意思が尊重されるなかで，チャレンジ

ングで,独創的な創造性の重要性が組織メンバー,とりわけトップ・レベルに認識され,尊ばれ,かつ創造力が発揮しやすい情況を表わす。

　このような「創造的な組織風土」を形成するには,以下のような方法が考えられる[18]。

　ⓐ挑戦的で失敗を恐れない進取の気風
　　①組織メンバーの積極的で挑戦的な失敗の許容
　　②既存の一定枠内での逸脱の許容
　　③メンバー評価は加点主義で敗者復活の道を確保
　ⓑ創造する心を育てる自由な雰囲気
　　①目標や達成基準による業績や成果重視の管理
　　②組織メンバー間の開かれたコミュニケーションと情報の開放
　　③権限委譲の促進と仕事に対する自由裁量権の拡大
　ⓒ個性を尊重し異質な人材の雇用・育成・評価
　　①個性的で異質な人材の能力の抽出と組み合わせによる発想の異種混合
　　②異質な人材間のコンフリクトも活力の源として容認
　　③一定水準の能力主義・成果主義人事評価の採用
　　④組織メンバーのローテーションの活発化
　ⓓ柔軟な組織で風通しの良い創造的な組織構造
　　①事業部間の自主性と一定の競争関係の維持が可能な事業部組織
　　②管理階層の少ないフラットな水平的組織
　　③各機能部門と各プロジェクトのバランスを保持するマトリックス組織
　　④プロジェクト組織や,新規事業への進出や新製品開発を志向するベンチャー組織やジョイント・ベンチャー(合弁事業)や提携企業
　　⑤自立性・自律性・独創性をもったユニット(分社化された企業)間の競争型・共生ネットワーク,および循環型・共創ネットワーク
　ⓔ創造的目標の末端までの浸透

　このように形成される創造的な組織風土は,実に長い時間かけて培われ,育てられるものである。このことは組織風土そのものの特性でもある。反

面，トップが主導する挑戦的な組織では，社会的注目度が高ければ高いほど，トップが交替することによって，一夜にして瓦解する場合もある。

　新しい時代をリードするトップには，創造力やアイディアを活かしたイノベーショナルで独創的で創造的な経営，つまり戦略的経営が求められている。この新しい時代をリードする人びとには，次のような能力を身につけることが要求される[19]。

　①時代に即した，将来に関わる問題を投影する「創造的洞察力」（creative insight）
　②他人に配慮する「感受性」（sensitivity）
　③未来を創造する「ヴィジョン」
　④「忍耐力」（patience）

　これは，経営者資質論の展開である。

　創造的組織風土は，未来を志向する。自由闊達な，コンフリクトや対立はあるが，活力に充ちた，さまざまなアイディアが生成される世界がイメージされる。そのような世界を創るのは，最終的には各組織メンバーの自由意思によって決定づけられるとしても，トップの決断によるところ大である。創造的組織風土形成には，次のような3つの役割を遂行することがトップ・リーダーに期待される[20]。

　①独創的な創造を，方針や目標を通じて明確にし，奨励し，人事や報奨を通じて，具体的にその姿勢を示すこと。

　②昨日と明日が違うことを認識し，今日の基盤である過去の歴史や伝統，過去の創造的成果に安住することなく，惰性を破って社内を活性化し，連続的破壊とイノベーショナルな創造を行うこと。

　③「わが社はかくあるべし」といった，価値観や信念にもとづいた企業理念を立案し，組織メンバー全員に夢や希望を与え，「創造する心」をかきたてる将来のヴィジョンを明確にし，組織メンバー全員に周知徹底させること。これを実施する具体的手法として，CI戦略がある。自社の個性や「らしさ」を明確にし，組織メンバーをまとめ，さらに，そのような自社の個性

を外にアピールする戦略である。

4　アジア・ローカライゼーション戦略

わが国における。今日的な第4の戦略的経営は，アジア・ローカライゼーション戦略である。

今や世界は，一方で，資本主義対共産主義といった思想対立つまり東西対立や，経済格差にもとづく南北対立の時代から，民族・宗教対立を核とした対立の時代へと変化した。他方で，対立・競争から協調・共生の時代へと変化しつつある。しかし，民族・宗教対立はますます激化し，留まるところを知らない。同時に，民主化への流れも進行しつつある。

今日の世界は，一方で，グループ化[21]やネットワーク化の時代へ，他方で，個別で地域性のある文化重視の時代へと移りつつある。

グローバル・レベルでの解決が求められている問題とは，人類の生命に関わる自然・生活環境，食糧，疾病，バイオマスなどの自然エネルギーの活用などの問題である。これらは人類共通の課題である。他方，国や地域レベルの問題とは，民族とりわけ少数民族や宗教を含む文化・価値観の諸問題であり，グローバル・スタンダード化すべきでない領域の問題である。

したがって西洋合理主義の尺度からみて，非合理的であると判断されることもある。合理的側面といっても，本来は，国，地域，民族，宗教，価値観，文化などによって異なることから，ひとつの尺度で，合理性と非合理性を単純に分類することは，あまりにも危険すぎる。そこで，グローバル・スタンダードが，ひとつの国や尺度からみて，合理性と客観性をもつからといって，単純に押しつけるのは，権力主義者や大国主義者のエゴイスティックな行為といわざるをえない。

このような視点から，本節ではグローカライゼーション戦略を中心に展開する。しかもローカルの視点から，アジアに絞って検討したいと考える。

なぜ，アジア諸国に注目するかというと，近年，日本とアジア諸国との関

係は，経済活動や人的交流の面で非常に活発化しており，緊密な関係になりつつあるからである。

これまで，わが国は低コスト化をターゲットに，アジア諸国に現地法人を設立し，技術水準の低いものから順に海外生産へシフトさせてきた。「垂直貿易摩擦」の解消に向けての動きとしては，①技術協力や技術移転などの推進によって，進出先国の企業や産業の育成に貢献すること，②進出地から日本や第3国への輸出拡大によって，その国の外貨準備高を増やすこと，③現地の人びとの雇用拡大によって進出地の国の人びとの生活水準の向上に貢献することなどが期待されてきた。

このようなアジアの国々の中でも，経済発展する過程で，政治的・社会的なレベルだけでなく，経済的なレベルでも充分対等に協力し合える力を貯えるようになってきた国々が現われた。公害対策や環境問題にも関心をもつようになってきたのがひとつの証左である。このようなアジアの国々と企業活動レベルでのグループ化やネットワーク化をはかることは，今後の日本企業や日本経済の進むべき方向を示唆しているといえるだろう。

以上のような水平的・垂直的貿易摩擦，経済摩擦解消策としての外なるグローバル化と同時に，国内市場の開放，外国人労働者の積極的受け入れと教育・訓練などの内なるグローバル化は必然である。外なるグローバル化と内なるグローバル化は相互不可分の関係にある。さらに，今日のわが国は，グループ化やネットワーク化を通じた相互扶助による相互利益を目指す「共生・共創」を具体化する時機に来ている。グローバル化の時代においては，一人，一企業，一国で事を成すことは不可能であることから，ますますグループ化やネットワーク化を志向しなければならない。国際社会における一人勝ちや相手に対する強制は軋轢（あつれき）を生み，国際社会を不安定にするだけである。

アジア諸国は，次のようなわが国企業への期待と制限を設けている。

①アジアNIESやASEAN諸国への進出企業には，現地の人材育成，産業育成，生活水準の向上への期待が高い。

② ASEAN 諸国は，いずれも自国経済や産業基盤強化確立のために，外国からの投資を歓迎している。しかし自国産業の健全な育成をはかりつつも，外国からの経済支配を回避するために，海外からの投資には一定の制限を設けている。

つまり，自国への技術・経済資源の移転をはかるため，外資の進出にあたっては，現地企業とのジョイント・ベンチャー（合弁事業）の設立を希望している。しかし，現地で生産した製品を輸出する比率（生産額の80％がひとつのメド）が高い場合には，必ずしも現地企業とのジョイント（合弁）をする必要はなく，外資100％の会社を設立することが可能である[22]。

各国とも技術移転や雇用促進に寄与する製造業分野への投資を重視しており，とりわけ外貨獲得への期待から，輸出型の製造業投資を最優先している。モノやカネ，さらに情報などがグローバル・レベルでいかにスムースに循環するか，ということは，今日のグローバル社会での主要な課題である。

本節では，(1)日本人とアジア地域，(2)日本的経営システムの原点，(3)日本的経営システムの特徴，(4)日本企業の海外展開と現地化，(5)日本企業のアジア進出，について取り上げる。

(1) 日本人とアジア地域

日本企業がアジア各国企業との「共生・共創」をはかるにはどうすれば良いか，パートナーとして相互信頼関係を構築するにはどうすれば良いのか。このような疑問に答える前提となる考え方が，アジア・ローカライゼーションである。このアジア・ローカライゼーションとは「アジア社会との相互依存，協力関係の維持・発展による相互進歩・進化を目指したアジア現地社会との融合」と定義づける。

このアジア・ローカライゼーションを理解するは，少なくとも，次の3点について考察し，理解しておくことが必要である。

①アジアおよびその中の日本についての歴史的考察

②アジア地域に根ざした経済的・技術的背景の考察

③アジア地域の民族や宗教を含む社会的・文化的背景の考察

　日本の第二次世界大戦の戦後処理が，アメリカやイギリスなどの西側諸国と呼ばれた国々の主導のもとで行われた。さらに，1950年に勃発した東西対立の象徴としての朝鮮戦争を契機にアメリカ軍の後方支援（logistics）の役割を担うことになった。そこで，アジアに対する戦後処理が政治的レベルでの形式的決着のカタチをとったために，長期にわたって火種が燻り続けてきた。このため，特にわが国では歴史的現実を直視する機会さえなかった。歴史の現実を直視し，認識することから未来への第一歩が開けてくるのである。

　「未来は現在の努力によって開かれる。未来の問題は現実を分析することから始まる。未来の問題の解決策は，現実を直視する中から生まれる」。

　第二次世界大戦後，日本人のアジア地域への関心が薄れた理由には次のようなことがあげられる[23]。

　①戦後処理としての極東国際軍事裁判，すなわち東京裁判が欧米連合国軍中心の裁判であり，アジアの人びとに関する諸問題を対象としていなかったこと。

　②1950年から勃発した朝鮮戦争により，日本の再軍備が必要となり，アジアへの戦後処理が葬り去られたこと。

　③戦後の東西対立，米ソ対立の激化により，日本が西側諸国に組み入れられ，日米同盟が日本の外交の機軸になったこと。

　④戦後のアメリカ追随型の経済成長がもたらされ，日米の経済関係への関心が一層高まる中でアジア諸国との関係を顧みる必要がなかったこと。

　しかし，わが国では1990年代以降，アジア諸国やアジアの人びとへの関心が高まってきた。その理由には，次の4点があげられよう。

　①わが国の目標としてきた欧米諸国に経済力の面で追いつき，さらなる経済発展を目指し，アジアさらに欧米に企業進出していったこと。

　②日本の経済力の向上により，国民の生活が豊かになり，欧米諸国以外の国々にも関心をもち始めたこと。自分達の国の歴史を振り返るゆとりが生ま

れたこと。

　③国民生活がモノレベルで豊かなものになり，一方で西洋合理主義にもとづく科学技術文明の限界や弊害を感じ始めたこと。他方で，東洋文化への関心が高まってきたこと。

　④アジア諸国とりわけ NIES や ASEAN 諸国の経済力が向上し，アジア諸国が日本に対し，さまざまな要求をするようになってきたこと。

　現在，アジアの国々が「自立性・自律性・独創性」を徐々に高める中で，日本もその関係を再構築する時期に来ている。日本とアジア諸国および人びとの交流が活発化するにつれ，今後，ますます，アジア諸国やアジアの人びととのグループ化やネットワーク化が促進されることになるだろう。国民主体の人的交流こそが，国際交流の基本であり，人的な国際交流のみが，人びとの相互信頼，ひいては国対国の相互信頼を醸成させることになるだろう。

(2) 日本的経営システムの原点

　日本人の行動原理は日本的経営の支柱である。「日本人は"気"にする存在として社会化される。気にする対象は……自分の属する場の気である。気にする対象は常に特定の人ないしは人のグループ（＝組織）である」という。日本の組織は"気"という液体の「ウズ」のようなものであり，ウズの中心に向かって吸引力（＝求心力）が生じる。このような逆円錐形に近いウズ状の構造をもっている日本的組織が「ウズ社会」である。そして，このウズ社会を取り仕切る組織原理が「日本的経営」である[24]。

　この日本人の行動原理，日本の文化的・伝統的土壌および日本的経営の関連を表わしたのが図表Ⅴ－6である。

　さらに，日本人の精神構造は二面性をもつという[25]。

　①発言におけるタテマエとホンネ

　②行動における虚像（virtual image）と実像（real image）

　③ウチとソトという差別意識——ウチに対する意識は「ヨコ社会」を，ソトに対する意識は「タテ社会」を形成

図表Ⅴ-6　日本的経営の背景

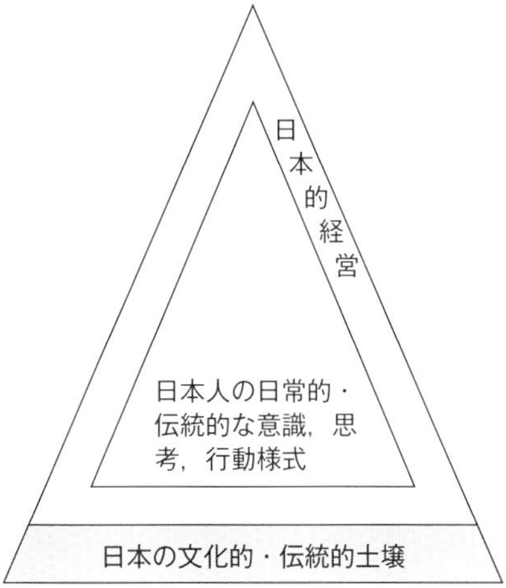

（ピラミッド図：頂点から「日本的経営」／「日本人の日常的・伝統的な意識，思考，行動様式」／「日本の文化的・伝統的土壌」）

　前述したように，日本人は「気」にする対象は個人よりも集団，部分よりも全体であった。そして「ウズ社会」という組織に埋没し，「寄らば大樹の陰」的な考え方が浸透し，ひいては安定志向型の人間を創造していった。その背景としての社会的規範とその社会的規範の中で醸成させてきた社会秩序について取り上げることにしたい[26]。

　①安定志向型の人間を創造してきた背景としての社会的規範——個人の組織への帰属の重視，言動についての組織の同意の必要性，組織に対する貢献の優先，組織に対する服従を望ましいとする考え方。

　②これらの社会規範の中で醸成されてきた社会秩序——前述の「ヨコ社会」は仲間意識や平等主義思考を形成。「タテ社会」は先祖・年配者の尊重や権威主義的態度を形成。

　以上が，日本の高度経済成長を支えてきた日本的経営システムの原点であった。しかし，今日の日本の経済は，安定成長あるいはマイナス成長であるし，国民の価値観や要求も多様化し，分散傾向にある。日本人の社会をウズ社会として一括りにして考えるのは無理がある。また，今日では組織より

も個人のほうが前面に出ているし，ウチ意識（ヨコ社会）やソト意識（タテ社会）を越えて，人びとや組織間関係も確実に水平的な関係を強めつつある。ただし，日本人のもつ精神構造については，あまり変化していないように思われる。

(3) 日本的経営システムの特徴

わが国の企業経営システムは，企業の潜在的能力を最大限に引き出し，発揮しうるシステムであるといわれてきた。この，わが国の企業経営システムの特徴を大きく5つに分け，検討を進めていきたい。

(a)トップ・マネジメント

わが国のトップ・マネジメントの特徴は，次の3点であった。

①最高意思決定機関と最高執行機関が取締役会や常務会（経営戦略委員会など）において一体となっていること。そこで，業務執行に関わる諸問題が意思決定の段階で明らかにされており，業務執行がスムースに実行されること。

②取締役会のメンバーの多くは，OJTなどによって広い視野や長期思考を身につけた内部から昇進した生え抜きである。そこで，メンバー間の高い共有制や凝集性によって企業経営に関わる専門性が十分に発揮され効率的な経営がなされること。

現在では，経済成長の低下や市場の細分化・多様化などによって，開かれた企業・社会の一員という意味での企業の社会制度化が進行する中で，企業内取締役を減らし，社外取締役を増やす傾向が見られる。これは，一方で企業内取締役を減少させることによって意思決定を迅速化し効率化させるとともに，他方で外部の意見を聞き，良い意見があれば，企業内に取り込み活用しようという動きの現われである。

③かつては，日本企業が成長し，株価も上昇し，株主への高いキャピタル・ゲイン（有価証券譲渡益）が生み出され，同時に系列取引や株式相互持ち合いによる株価の維持によって，株主総会の形骸化が進んでいた

ことから，日本企業の経営者は長期的かつ戦略的意思決定の遂行に専念しえたこと。

これに対し，アメリカ企業では，株主の権利意識が強く，短期的利益を要求することから，経営者は短期志向の経営を取らざるをえなかった。

現在，わが国の企業では，コスト削減への圧力や新規事業の展開への期待などから，系列の取引企業を減らしたり，系列外との取引を増やしたり，さらに株式相互持ち合いを解消する動きも見られる。また，株価が低迷していることから，企業は誰のものかといった議論や個人株主重視の傾向がみられる。

(b)仕事の進め方

仕事の進め方に関しては，次のような2つの特徴が見い出される[27]。

①戦略的意思決定を行う際，「Uターン型意思決定」（トップ・ダウン＆ボトム・アップ型意思決定）つまりはじめにトップが戦略的な目標の一般的方向を示し，それについて企業内の関連諸部門で相互に多面的に検討しながら上にあがって最終的な意思決定を行うこと。

②個人の職務内容が必ずしも明示されておらず弾力的に行われること（個人レベルの仕事内容の柔軟性）。

このような一見曖昧さをもった，わが国企業の職務分担と組織編成とをアメリカのそれと比較して表わしたのが，図表Ⅴ-7である。わが国の企業では，職務分担が曖昧であるがゆえに，人と人との間に存在する仕事について柔軟に対応できるとともに，そこに協力・協働関係を構築でき，共同意識もそこに生まれる。「曖昧さ」は，欠点ではなく，むしろ長所となりうるのである。

もし，アメリカ企業のように，職務が細分化され専門化され，現在の職務が，そのまま他社でも通用できるようになれば，労働市場は一気に流動化し，より賃金の高い企業へと移動が始まるだろう。このように，職務の専門化が進めば，企業内で長期にわたり，教育・訓練をしようという考え方も減少し，採用時においても，「あなたは何ができますか？」「あなたは何がした

図表Ⅴ-7　職務概念と組織の構成

(A) 職務分担の規定　　　　　　　(B) 現実の職務分担
　　日本　　　外国　　　　　　　　　—日本—
　　　　　　　　　　　　　　　　　イ　　　　ロ

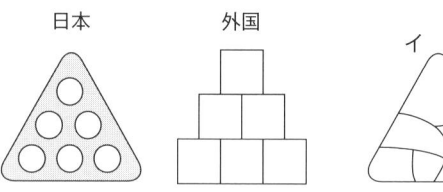

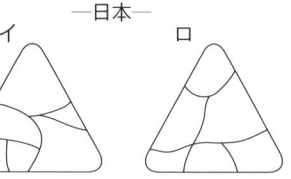

出所：石田英夫編著『ケースブック　国際経営の人間問題』慶應通信，1984年，20頁
注1：図中の黒い部分は，個人分担のあいまいな相互依存的領域。その領域をもつことによって，組織の環境や人の能力・士気などの変化が生じた場合に柔軟に職務分担の変更が可能
注2：図中の白い部分は，個人の分担がはっきりしている個人の占有領域。アメリカでは個人の仕事・権限・責任は職務分析によって職務記述書に明確に規定され，日本のような「あいまいさ」を徹底的に排除

いですか？」といった質問によって人間の能力を判断しようということになる。そこで新卒採用が減り，経験を積んできた，より専門的な知識をもった人たちを採用しようとする。つまり中途採用を増やそうという動きも，このような職務内容の縦割りが進行していることを意味する。

　職務内容の縦割りとは，職務内容の細分化・専門化，各個人の職務の明示化，つまり職務の「個人化」である。職務の個人化が進行すれば，他の人の職務との互換性や相互扶助もなくなり，ひいては集団的な協力関係もなくなる。

　今後は，「個人化つまり専門職化すべき職務」と「集団的職務」とに分けて考えることが必要である。作業現場や改善・改良が要求される職場では集団的職務を維持すべきである。このような職場では引き続き「能率性」が要求される。「効果性」が追求される営業マン，現場管理者，技術者，研究所員，デザイナーなどは，職務の個人化が進行するだろう。しかし，プロジェクト・チームとして行われる車のデザイン開発などの場合などは，それぞれ各個々人のアイディアを持ち寄り，ひとつのものを創り上げていくという意味では，新製品開発なども同様に，各開発プロセスの終盤では個々人の個性を活かしたグルーピングが重要となる。このグルーピングは「集団的職場」の進化系である。

　(c) 人事処遇——採用・異動・昇進システムと給与制度

人事処遇と給与制度については，次のような特徴が見られた。
① 採用・異動・昇進面での特徴[28]
　ⓐ 長期的に選抜を継続する昇進制度。
　ⓑ ジョブ・ローテーションにより幅広い職務体験が蓄積できることから，広い視野から業務を行う能力，仕事間の相互補完関係の認識力，環境変化への適応能力などが向上すること。
　ⓒ 専門知識よりも，意識・理解力・判断力など一般的能力重視の採用。
　ⓓ 中間管理職の内部からの登用。

これからは，一方で職務の個人化が進行する中，部署によっては内部での教育期間も短くなり，仕事間の相互補助関係も減少するだろう。部分的には，中間管理者を外部から登用することも，組織風土改革の時などには必要であるかもしれない。

② 給与体系面での特徴[29]
　ⓐ 職務と給与の結びつきが緩やかなこと。
　ⓑ 年功制の強い給与体系と退職金制度による従業員の長期的勤務への誘引。
　ⓒ ボーナスの比重が大きいことによる，企業の業績変動に対する賃金の弾力性の確保と従業員の企業業績に対する関心の向上。
　ⓓ 職階間，労職間の給与格差が少ないことによる従業員間のスムースなコミュニケーション，相互協力の促進。

現在，年功制はより緩やかなものとなり，一定の業績・成果重視の給与体系が導入されつつある。従業員も将来への不安から，ボーナスや退職金などへの関心よりも，月々の給与のアップに，より関心をもつようになってきた。これは企業の将来への不安に起因する。「効果性」を求められる個人化された専門職が増える中，長期的勤務や長期的企業業績に対する関心は，少しずつ減少することになろう。

(d) 企業内教育

雇用が比較的安定していたことから，長期的な企業内教育が重視されてき

た。これまでの企業内教育の中心は，現場での実地体験を通じた教育訓練であるOJTで，これによって広い視野，広い視点からの自らの仕事の把握，改善策を探索する能力の向上，職務拡大（作業現場では多能工化）や職務充実（労働者の管理的意思決定や作業計画などへの参画）の可能性の拡大などといったメリットを生み出してきた。しかし，企業業績の悪化やそれに伴う人員削減などにより，企業への不信感が高まるにつれ，労働者の自立性・自律性が高まり，それと共に労働移動率も高まり，それにつれて企業側も企業内教育を軽視し，即戦力となる人材を雇用した方が得策だという考え方が広まってきた。

　(e)労使関係

　労使関係の特徴を労働組合と労使間コミュニケーションとに分けて考えてみよう。

　　①労働組合組織

　　　ⓐ企業別（企業内）労働組合が支配的であり，経営者との交渉単位は企業内労働組合であること。

　　　ⓑ事務職員も現場労働者も企業別の同一労働組合のメンバーとして組織されていること。

　このような企業別労働組合は，これまでの日本的経営の中心的かつ基礎的制度であり，日本経済社会の基礎をなしている。この制度は海外でも産業別組合や職業別組合ととも併存しうることは実証済みである。

　　②労使間コミュニケーション

　　　ⓐ労使協議制などを通じた労使対等の活発なコミュニケーション。

　　　ⓑ組合内部における職務を越えた活発なコミュニケーション。

　労使協議制は海外でも採用されており，労使間の平等主義とともに，現地の労働者にも歓迎されている。

　以上が日本的経営システムの特徴である。このような特徴は，徐々に変化しつつあり，その時々に確認作業を進めていく必要がある。

(4) 日本企業の海外展開と現地化

　現在のようなグローバル化の時代にあって，日本的経営システムには変更が迫られている。つまり，日本的経営システムのハイブリッド化が求められているのである。国際社会でも通用する「日本型企業経営システム」に転換することが要求されている。この日本型経営システムは，ローカルあるいはグローバル・エリアでスタンダードとして認識される可能性が大きい。このような経営のグローバル化と標準化の関係を表わしたのが，**図表Ⅴ-8**である。

　図表Ⅴ-8のうち「グローバル・スタンダード」とは合理性と客観性をもち，グローバル・レベルで採用されると仮定されるシステムのことである。例えば，フォード・システム（ベルト・コンベア・システム），リーン生産方式，ISO14000やISO9000などである。また「日本型スタンダード」とはJIS規格やJAS規格，トヨタ生産システムなどである。これに対し，「日本的スタンダード」とは，日本的経営や日本的経営システムである。

　わが国企業は，国内産業の成熟化に伴った飽和状態を打破するために，安

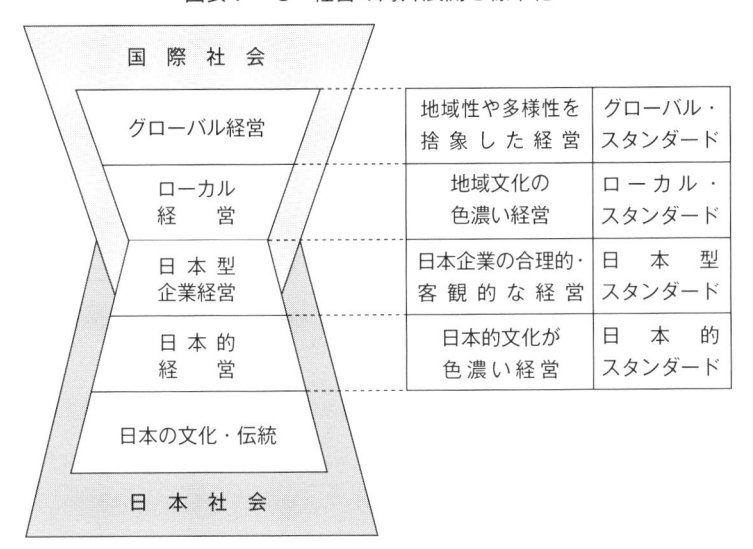

図表Ⅴ-8　経営の海外展開と標準化

階層	経営の特徴	スタンダード
国際社会		
グローバル経営	地域性や多様性を捨象した経営	グローバル・スタンダード
ローカル経営	地域文化の色濃い経営	ローカル・スタンダード
日本型企業経営	日本企業の合理的・客観的な経営	日本型スタンダード
日本的経営	日本的文化が色濃い経営	日本的スタンダード
日本の文化・伝統		
日本社会		

い労働力を求めて，そして引き続き自社製品の輸出競争力および国際競争力を確保するために，さらに先進国に対しては，貿易摩擦・経済摩擦解消のために，競って海外法人を設立し，現地生産を推し進めてきた。しかし，海外の現地法人をとりまく環境は決して平坦なものではなかった。

あるアメリカの日系企業では，企業内組合を採用し，原則的に終身雇用を採用した。そのお陰で，労使協調がはかられ，労使紛争も減少したという。これは，現地の人達の意向を組んで成功した例である。

また，欧米諸国では，地域社会は自分達がつくりあげてきた，またつくりあげていくといった考え方があるため，日本企業がアメリカ社会に受け入れられ，解け合い，現地で「良き市民」として認知されるためには，一定の経営理念や利益に相応しい社会的貢献，つまり企業メセナ（文化・芸術支援活動）を含む，教育，保健，医療，福祉，コミュニティ活動への支援・参加活動を行うことが期待される。

このような議論は，文明社会における異文化の対立と融合という側面を有している。「科学技術文明や物質文明」には合理性と客観性とが要求されると同時に，グローバル・スタンダードと融合する。

これに対し，「文化」は，長年培われてきたものであり，地域やその地域の歴史，民族，宗教，慣習などと深く関わるローカルな側面をもつ。同時に，地域限定的ではあるが，その地域独特の合理性や客観性を有する。このように文化は地域性をもつがゆえに，企業が実際に現地で，経営や生産活動を行う際には，多くの対立点を生ずる元となる。

対立を避け，グローバル戦略を遂行するには，次のような原則を守らねばならない。

①相手国（地域）の主権への不干渉の原則
②共存共栄および50対50の原則
③明確な経営理念にもとづく長期的思考
④地域重視の原則

(5) 日本企業のアジア進出

　現代企業は，安い労働力や資源，さらに新しい市場を求めて海外へシフトしていく。多くの企業は，まずアジアNIESへ，そしてASEANへ，さらに中国やベトナム，近年ではインドへと，とりわけ「安い労働力」を求めて生産拠点を移動させてきた。このような企業行動は短期的には，安い生産コスト，安い製品，自社の市場拡大といったメリットを生み出し，一見成功しているかにみえる。しかし，長期的には，現地化への意識の違い，現地の人びととの価値観のすれ違い，現地の人びととの日本企業や日本人との位置関係（水平的なのか垂直的なのか）の違いなどによって，不満が蓄積され，長期的には日本企業や日本人に対する不信感を醸成しかねない。しかし調査した多くの日系企業では，アメリカ企業などと違い，長期的視点に立って，現地への貢献という立場を堅持してきた。例えば，現地の労働者は日系企業に入ると，仕事や言葉を教えてもらえ，日本に研修に行かしてもらえ，不平不満に対しても聞いてもらえ，食事なども皆区別なく同じものを食べさせてもらえるという話をよく聞いた。マレーシアなどでは総人口に占める各人種の割り合いと同じ割り合いで雇用したり，宗教の違いなどにも配慮がみられた。時間の経過とともに企業内地位の上昇が遅いことなどにより不満が蓄積されてくるようだ。務めて，数年経つと，これまでの日本企業での経験をアピールし，個人の能力主義・成果主義を重視し，その分賃金をプラスする欧米企業に就職先を変更する人達が増えるといわれる。

　このようなことをふまえ，アジア進出の4つのポイントについて取り上げたい。

　①先進国への仲間入りを果たしつつある国々とは，技術提携，共同研究開発，製品分業化，生産分業化，新市場への共同開発などで，パートナーを組む方が得策であること。

　②このようなパートナーとしての対等な関係を構築できる対象は「アジアに在り」ということ。身近であり，お互いの文化を理解しあえる範囲内にあること。

③アジア諸国のうち，アジアNIES，とりわけ台湾，香港，シンガポールなどの「華人[30]経済圏（華人ネットワーク）」や中国との関係を深めていくことが重要なこと。

　④実証研究や統計的手法を用いて，マニュアルにもとづいてアジア進出を推進するだけでは，むしろ海外進出そのものが問題を生み出し，業績を圧迫し，当該企業のイメージや現地の社会的地位を押し下げるのでないかということ。海外活動を成功させる基本的かつ中心的な要件は，海外活動の基本的なコンセプトや当該企業の理念や理念に基づく行動が求められているということ。

　近年，注目を浴びているアジア・ローカライゼーションとは「アジアへの海外進出企業が『企業市民（corporate citizensip）』として，現地社会に定着し成長を続けていくために，海外進出に伴う社会・文化的摩擦を克服し，ヒト・モノ・カネ・技術・情報・文化・タイム（タイミング）といった経営資源を，日本側と現地側の双方の主張をミックスさせ，新たな基準のもとで，現地化・同化して現地社会との共存共栄を実現していくことである[31]」。このような関係を表わしたのが，図表Ⅴ－9である。

　図表Ⅴ－9にあるように，現地側の要請としての，短期的課題である開発・成長と日本企業のアジアへの進出要因はお互いのためになる。しかし，時間の経過とともに，現地側の要請に応えるというカタチでの短期的課題と，中長期的課題とがぶつかりあい摩擦が生じる。

　このような摩擦を少しでもやわらげる融和行動を，いくつかあげてみよう。
　①日本文化の紹介による相互理解
　②研修生の日本への受け入れ
　③民族融和の視点から，少数民族（minority）などの積極的採用
　④時間はかかるが，役員・管理者への現地の人達の登用
　⑤教育機関や医療機関などへの寄付金や物質的援助と，医者や技術者のソフト面での援助とのバランス

図表Ⅴ－9　企業進出とローカライゼーション

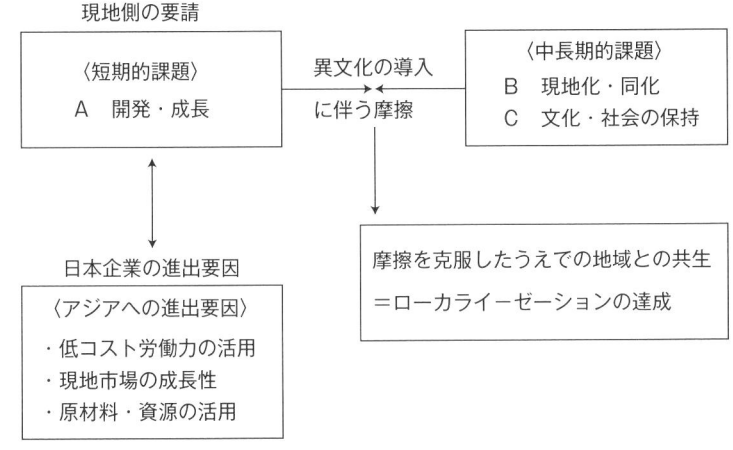

現地側の要請

〈短期的課題〉
A　開発・成長

異文化の導入に伴う摩擦

〈中長期的課題〉
B　現地化・同化
C　文化・社会の保持

日本企業の進出要因

〈アジアへの進出要因〉
・低コスト労働力の活用
・現地市場の成長性
・原材料・資源の活用

摩擦を克服したうえでの地域との共生
＝ローカライゼーションの達成

出所：小川政道・高橋英明著，住信基礎研究所監修，『アジアにおける経営ローカライゼーション』中央経済社，1992年，12頁より一部加筆修正

⑥災害復旧・復興などへの支援

⑦その他

さて，次に，アジア・ローカライゼーション達成のための経営上の課題について取り上げて，まとめとしたい[32]。

(a)カントリーリスクへの対応

①地域・民族問題の把握

②政情不安・治安上の問題への対応

③累積債務問題への対応

(b)異文化への対応

①現地での商慣習の尊重

②日本的経営や日本型経営の現地への対応

③現地側との共有価値観およびコミュニケーション・ツールの醸成

(c)経営資源の調達・現地化

①現地の人材の登用

②技術移転

③日本への送金よりも現地への再投資の重視

④現地側に対する公正な評価と信頼関係の構築

(d)経営環境変化への対応

①市場の変化・競争力の変化への対応

〈製品開発〉　コスト重視→品質重視

〈生産計画〉　労働集約→必要不可欠な仕事の自働化・合理化

〈雇用計画〉　労働者の育成→管理者の育成

〈資材調達〉　輸入→品質を落とさないレベルでの国内調達

〈市場開拓〉　日本市場→現地市場・第3国市場

〈技術開発〉　工程管理（組立）・技術移転→R&D・段階的開発

②現地企業独自の柔軟な経営戦略

このような要件を満たすことによって，ローカライゼーションが達成される。

注

1）経営革新実態調査委員会稿「わが国主要208社にみる経営革新の実態と成功する方法」『Business Research』Vol. 801，1991年3月，社団法人企業研究会，17-36頁を参照されたい。
2）奥村昭博著『企業イノベーションへの挑戦―新企業家精神の創生―』日本経済新聞社，1986年，126頁。
3）永井幹生著『ニュービジネス成功の条件』エース出版社，1989年，194-202頁を参考に一部加筆修正。
4）奥村昭博著，前掲書，174頁を参考に，一部加筆修正。
5）伊藤邦雄稿，日本経済新聞，1991年11月12日，一部加筆修正。
6）木村尚三郎著『「耕す文化」の時代』ダイヤモンド社，1988年，33，40-42，50-52頁を参考に加筆修正。
7）河野豊弘著『現代の経営戦略―企業文化と戦略の適合―』ダイヤモンド社，1986年，25頁，一部加筆修正。
8）梅澤正著『企業文化の革新と創造』有斐閣，1990年，32，35頁。一部修正。
9）河野豊弘著，前掲書，41，42頁を参考に加筆修正。
10）梅澤正著，前掲書，49頁を参考に加筆修正。
11）同上，15頁を参考にした。なおODとは，伸縮的な組織構造，開放的で支

持的な組織風土，相互扶助の組織風土，相互信頼の態度，民主的なリーダーシップ・スタイルなど，相互扶助の組織構造のための経営戦略や教育訓練を意味する。
12) 同上，22，23 頁を参考に加筆修正。
13) Michael Ray and Rochelle Myers, *Creativity in Business*, Doubleday & Company, 1986, p. 4.
14) 日本能率協会編『創造力革新の研究―企業における創造力開発の考え方―』日本能率協会，1988 年，18-19 頁。
15) Michael Ray and Rochelle Myers, op. cit., p. 8.
16) 日本能率協会編，前掲書，18-19 頁。
17) 同上，21 頁。組織構造は経営管理の階層，部門化，権限関係，標準手続やコミュニケーション・システムなどからなる。
18) 同上，53-57 頁を参考に，加筆修正。
19) Craig R. Hickman and Michael A. Silva, *Creating Excellence: Managing Corporate Culture, Strategy & Change in the New Age*, Unwin Paperbacks, 1985, pp. 31-33.
20) 日本能率協会編，前掲書，58-59 頁を参考に加筆修正。
21) かつての企業間のグループ化は，資源や市場確保，市場における地位の確保などが目的であった。国家間のグループ化は安全保障や自由貿易国の確保・拡大のために行われてきた。
22) 福良俊郎稿「アセアン諸国への日本企業の進出実態」『工場管理』Vol. 33, No. 5」1987 年 5 月号，日刊工業新聞社，31 頁。
23) 石田雄著『社会科学思考―敗戦から半世紀の同時代史―』東京大学出版会，1995 年を参考資料とした。
24) 秋光翔著『文化としての日本的経営』中央経済社，1990 年，3-4 頁，27-29 頁。
25) 植田栄二編「第 7 章 日本企業の経営活力―人間問題に注目して―」，植田栄二・小穴広躬・土屋敏明編著『現代日本経営のパフォーマンス』同文舘，1988 年，116-117 頁。
26) 同上，119-120 頁。
27) 通商産業省産業政策局企業行動課編『企業活力』東洋経済新報社，1984 年，17-18 頁。ここでいう「U ターン型意思決定」とは「トップ・ダウンとボトム・アップの混合型意思決定」である。
28) 同上，19 頁。
29) 同上，20 頁。
30) かつて中国から海外へ移住した人びとのうち，中国籍をもっている海外在住者を「華僑」，それぞれ現地に根を下ろし，その国・地域の籍をもつ人びとを「華人」と呼ぶ。この華人には香港や台湾在住の人びとを含む。日本経済新聞，1992 年 11 月 20 日。

31）小川政道・高橋英明著，住信菱研究所監修『アジアにおける経営ローカライゼーション』中央経済社，1992 年，13-14 頁。一部加筆修正。
32）同上，47-48 頁。一部加筆修正。

あ と が き

　私は，これまで，人間主義という視点から「組織社会」について，市民主義という視点から「制度社会」について，環境主義という視点から「ネットワーク社会」について研究を進めてきた。そして，『ビジネス社会の未来』（白桃書房，2011年3月）という著書で，わが国企業社会の再生について世に問うた。足の引っ張りあいからは何も生まれない。

　わが国企業社会は，1980年代初期以降，その特徴である長期安定社会が少しずつ崩れてきた。それは企業をとりまく社会・生活環境が変わってきた結果である。その結果，これまで長年培われてきた組織や制度やシステムが内部変化を要求され，さらに組織や制度やシステムの枠組み（器）そのものも変化を余儀なくされてきている。

　企業をとりまく人びとの価値観や環境変化に応じて，資本主義も，本来の資本主義から修正資本主義へ，さらに民主資本主義へと進化してきた。これに応じて企業も資本的私企業から，制度維持を目指す制度的私企業，さらに制度改革を目指す制度改革的私企業へと進化してきた。

　制度的私企業と制度改革的私企業の基礎をなす制度主義の研究の中心は，時間の経過の結果としての「文化」と，時間の経過のプロセスとしての「人間行動」である。

　「文化」とは，信念・信条・価値観，経営理念，倫理・道徳の創造機能，そこから導き出される将来ヴィジョンである。この将来ヴィジョンから生成されるのが実際的・実践的イノベーショナル経営である。

　「人間行動」はイノベーショナル経営の具体的展開である，制度的私企業が担うべき「経営戦略」と，制度改革的私企業が担うべき「戦略的経営」である。制度を維持するために実践されるのが「経営戦略」である。組織構造改革を伴うのが「戦略的経営」である。

本書では，現在の「経営戦略」の課題としては，①経営資源戦略，②企業成長戦略，③製品開発と多角化戦略があげられる。これに対し，構造改革を伴う「戦略的経営」の今日的課題としては，①新規事業開発戦略，②ネットワーク開発戦略，③企業文化のイノベーションと創造戦略，④アジア・ローカライゼーション戦略があげられる。

　これらの実践的イノベーションは，すべて経営者が思うように達成できるわけではない。なぜ，経営者が意図するのと違う結果になるのだろうか？それは，企業内外の環境が常に変化し，内外の環境が，それぞれの企業で異なるからである。同じように教授をしても，実に，さまざまな独創性をもった社会人の卵が育つのと同じである。専門的な知識としての経営学も，応用段階では，実に，さまざまなカタチに変化するのである。

　また，実際の経営者も，実に，さまざまな精神（信念・信条・倫理・道徳など）をもち，実に，さまざまな「体力・気力・知力」をもっている。経営者も人間であり，その能力には限界があり，その能力は微々たるものであることを認識すべきである。だからこそ，人間は集団や組織やネットワークをつくるのである。しかし人間が集団化や組織化，ネットワーク化をしても，自然の前では無力であることも理解すべきである。自然を人間のために使いきるとか，自然を支配しようとするのは，人間の思い上りである。われわれは，もっともっと謙虚であるべきで，自然の中で生かされており，自然との共生という立場で，自分自身を見直すべきであろう。私達は自然の一員であって，自然の支配者ではない。私達は自分一人で生きているのではない。私達を取り巻いてくれている人びとによって生かされているのである。2011年3月11日の東日本大震災によって自分の弱さと生命の大切さを思い知らされた。私と一緒に歩んでくれている家族を始めとする人びとに，心より感謝したい。

　最後に一言だけ付け加えさせて頂きたい。私は2011年10月13日に，ある臓器の全摘手術を受けた。私に更なる命を授けてくれた北里大学病院の医師や，真心のこもった献身的な看護師の方々に衷心より感謝申し上げたい。

北里大学看護学部の実習生の明るく，屈託のない笑顔には何度も救われた。安らぎの天使の微笑みに感謝したい。今回の手術で，私は人間の根幹である生きることの意味や，人生にとって何が重要であるかといった価値観について考えさせられた。

2011 年 10 月 20 日

相模原の自宅にて　池内 守厚

索　引

【あ行】

あいまい性　72
アジア・ローカライゼーション
　　　　　　　　　116, 128
アメーバ・モデル　91
H. I. アンゾフ　27, 42
K. R. アンドルーズ　27, 42

イノベーション　42

ウズ社会　118

オープン・システム　23

【か行】

快楽主義　11
学際的アプローチ　25
華人ネットワーク　128
金のなる木　60
環境構成主体　6, 22
環境主義　8, 28, 37

気　119
機械システム論　3
機械主義　19
企業家　70
企業家精神　70
企業家的イノベーション　68
企業家的戦略　72
企業家的戦略的経営　76
企業間ネットワーキング戦略　100
企業経営の活性化　83
企業進化　28

企業進化の評価基準　36
企業進歩　29
企業成長戦略　49
企業ダイナミズム　78
企業のパーソナリティ　79, 82
企業文化　107
競争能力　15

クローズド・システム　19
グローバル・スタンダード　125

経営活力　78
経営資源戦略　47
経営者機能論　50
経営者資質論　51, 113
経営者職能論　50
経営者能力論　51
経営戦略　42, 45
経営力　53
系列　98
現代ネットワーク社会　75

コア・コンピタンス　88
公私混合企業　22
高度大衆消費社会　38
顧客の創造　24
古典主義　8
個の時代　105
個の目覚めの時代　29
J. R. コモンズ　42
コングロマリット的多角化　64

【さ行】

三権分立型経営システム　18

自己責任論　50
資本主義　18, 21, 34
資本的私企業　17, 19
市民主義　7, 28, 37
社会システム進化論　3, 4
社会システム　14
社会進化　2
修正資本主義　17, 22
自由と制約（責任）　50
消費構造の二極化　57
自立性　35, 94
自律性　35, 94
進化　1, 6
新規事業開発型企業　91
新規事業開発戦略　88
進歩　2, 6

水平的な企業間ネットワーキング　101
スター　60
スペンサーイズム　3

精神センター　2, 80
制度　21
制度維持論　24, 26, 78
制度改革の私企業　17, 28, 32, 68, 76
制度改革論　36, 78
制度主義　3
制度の私企業　17, 22
制度的制約　12
製品開発　55
製品・市場戦略　57
製品ポートフォリオ　59
生物進化　2
生物進化論　3
生命代謝　39
西洋合理主義　104
専門経営者　22
戦略的経営　42, 46, 68, 77

創造性　109
創造プロセス　111

創造力　109
創発プロセス　15
組織風土　111
組織論的ネットワーキング　97
存続　7
存続と成長　23

【た行】

ダーウィニズム　3
多角化戦略　55
多角化マトリックス　63
多元的目標　23
タテ社会　119

F. W. テーラー　42

独創性　35, 94
P. F. ドラッカー　24, 42, 43

【な行】

日本型企業経営システム　125
日本型スタンダード　125
日本人の精神構造　118
日本的経営　118
日本的経営システム　120
日本的スタンダード　125
I. ニュートン　8
ニュートンイズム　3
人間行動　10, 12
人間主義　7, 28, 37

ネットワーク　94
ネットワーク企業　35
ネットワーク・システム　34
ネットワーク組織　95

【は行】

D. ハミルトン　9, 11

C. I. バーナード　20, 42, 51

H. ファヨール　51
H. フォード　24
不確実性　72
文化　10
文明　10

ベルト・コンベア・システム　24
変化　6

【ま行】

負け犬　60

民主化　109
民主資本主義　17, 28
民主主義　35

モノの豊かな社会　38
問題児　60

【や行】

ユニット組織　95

ヨコ社会　119

【ら行】

リーダーシップ　71

■著者紹介

池内守厚（いけうち　もりあつ）

　　　　　　1950年，高知県に生まれる。
　　　　　　現在，関東学院大学経営学部経営学科教授，
　　　　　　同大学大学院経済学研究科経営学専攻教授。

主要著書　『企業進化と創造的経営』（中央経済社，1993年）
　　　　　　『工業経営の進化と経営デモクラシー』（中央経済社，1998年）
　　　　　　『トップ・リーダーの役割―企業進化とネットワーク経営』
　　　　　　（白桃書房，2002年，工業経営研究学会2004年学会賞授賞）
　　　　　　『ビジネス社会の未来』（白桃書房，2011年）
　　　　　　『ものづくりは人づくり』（白桃書房，2014年）

共　　著　『バーナード理論と労働の人間化』（税務経理協会，1997年）
　　　　　　『経営管理の思想と理論―企業，システム，持続可能性』
　　　　　　（税務経理協会，2009年）

■**現代トップリーダーとイノベーション**

■発行日──2012年2月26日　初版発行　　　〈検印省略〉
　　　　　　2019年5月26日　初版第2刷発行

■著　者──池内　守厚

■発行者──大矢栄一郎

■発行所──株式会社　白桃書房
　　　　　　〒101-0021　東京都千代田区外神田5-1-15
　　　　　　☎03-3836-4781　📠03-3836-9370　振替00100-4-20192
　　　　　　http://www.hakutou.co.jp/

■印刷・製本──藤原印刷

© Moriatsu Ikeuchi 2012　Printed in Japan　ISBN 978-4-561-25573-4 C3034

本書のコピー，スキャン，デジタル等の無断複製は著作権法上での例外を除き禁じられています。本書を代行業者等の第三者に依頼してスキャンやデジタル化することは，たとえ個人や家庭内の利用であっても著作権法上認められません。

JCOPY　〈出版者著作権管理機構　委託出版物〉
本書の無断複写は著作権法上での例外を除き禁じられています。複写される場合は，そのつど事前に，出版者著作権管理機構（電話03-5244-5088，FAX03-5244-5089，e-mail : info@jcopy.co.jp）の許諾を得てください。

落丁本・乱丁本はおとりかえいたします。

好 評 書

池内守厚【著】
トップリーダーの役割 本体 2,500 円

池内守厚【著】
ビジネス社会の未来 本体 2,800 円

池内守厚【著】
ものづくりは人づくり 本体 2,000 円
　　―経営学における意図せざる結果の探究

坂下昭宣【著】
経営学への招待[第3版] 本体 2,600 円

明治大学経営学研究会【編】
フレッシュマンのためのガイドブック経営学への扉[第5版] 本体 2,800 円

田村正紀【著】
リサーチ・デザイン 本体 2,381 円
　　―経営知識創造の基本技術

大石芳裕【編著】
グローバル・マーケティング零 本体 2,500 円

───────── 東京　**白桃書房**　神田 ─────────

本広告の価格は本体価格です。別途消費税が加算されます。